Gefährdungsbeurteilung
bei besonderen Arbeitssituationen
„Homeoffice"

© 2021 Dipl.-Ing. Harald Lehning

Herausgeber: KlärWerk, Institut für kritische Sozialforschung und Bildungsarbeit e.V.
https://institut-klärwerk.de/
Autor: Harald Lehning
Umschlaggestaltung: Herbert Bühl
Bildnachweis Umschlag: Institut KlärWerk

Verlag und Druck: tredition GmbH,
Halenreie 40-44, 22359 Hamburg
ISBN: 978-3-347-28109-7

Bibliografische Information der Deutschen Nationalbibliothek:
Die Deutsche Nationalbibliothek verzeichnet diese Publikation in der Deutschen Nationalbibliografie; detaillierte bibliografische Daten sind im Internet über http://dnb.d-nb.de abrufbar.

Inhalt

Seite

Vorwort des Herausgebers

Unser Institut KlärWerk e. V. beginnt mit dieser Schrift die Reihe „Themenhefte für die Betriebsratsarbeit". In unregelmäßigen Abständen wollen wir über aktuelle Themen berichten, dabei den rechtlichen Hintergrund ausleuchten, den Handlungsbedarf herausarbeiten und Anregungen für die praktische Betriebsratsarbeit geben. Unser Ziel ist es, Betriebsräten für die Bearbeitung konkreter Themen die nötige Rechtssicherheit zu geben, ausreichende Argumente zu liefern und praktische Handlungsmöglichkeiten zu vermitteln.

Die „Corona-bedingte", starke Ausweitung der Erwerbsarbeit im privaten Wohnumfeld hat uns veranlasst, das Thema „Mobile Arbeit"/"Homeoffice" aufzugreifen. Dafür gibt es mehrere Gründe:

- Die im Zusammenhang mit der Corona-Pandemie sprunghaft angestiegene, internetbasierte Arbeit in den eigenen vier Wänden hat zumindest arbeitsschutzrechtlich eine riesige „Grauzone" geschaffen. Allein die verwendeten Bezeichnungen - „Homeoffice", „Remote-Work" oder „Mobile Arbeit" – deuten darauf hin, dass krampfhaft versucht wird, den in der Arbeitsstättenverordnung normierten Begriff „Telearbeit" zu vermeiden bzw. zu umgehen, weil geglaubt wird, dass dann arbeitsschutzrechtliche Bestimmungen nicht anzuwenden seien. Ein Irrtum, wie diese Schrift aufzeigen wird.
- Arbeiten in den eigenen vier Wänden hat auch Vorteile: Längere Arbeitswege werden gespart, eine autonomere Einteilung und Gestaltung der Arbeit, aber auch konzentrierteres Arbeiten ist möglich, wenn es das familiäre Umfeld erlaubt. Viele Beschäftigte sind deshalb bereit, dafür auch Nachteile in Kauf zu nehmen: Z. B. unzureichendes Arbeitsumfeld aufgrund der räumlichen Wohnsituation, ungeeignete Arbeitsmittel (Smartphone, Tablet und Notebook statt Mouse, Tastatur und Bildschirm), kein ergonomisch gestalteter Arbeitsplatz. In unserer Rechtsordnung ist eine solche Abwägung – vermeintliche Bequemlichkeit gegen Verzicht auf Rechte, die die Gesundheit schützen – nicht vorgesehen.
- Es ist bereits jetzt absehbar, dass „Arbeiten von zuhause" auch dann auf einem hohen Niveau bestehen bleiben wird, wenn die Corona-Pandemie medizinisch beherrscht werden kann. Wer wird aber dann dafür sorgen, dass die vielen unzureichenden Arbeitssituationen im „Homeoffice" rechtskonform gestaltet werden?

Unsere Hoffnung setzen wir auch bei diesem Thema auf die Betriebsräte, die nicht nur die Aufgabe haben, dafür Sorge zu tragen, dass die zugunsten der Beschäftigten geltenden Gesetze und Bestimmungen auch tatsächlich angewendet werden, sondern auch die nötigen Mitbestimmungsrechte besitzen, um diese Gesetze und Bestimmungen durchzusetzen.

Wir hoffen, dass diese Schrift Betriebsräte ermutigt, das einschlägige Arbeitsschutzrecht im Interesse der Beschäftigten in ihrem Betrieb zur Anwendung zu bringen.

Dipl.-Sozialökonom Herbert Bühl

Vorstand KlärWerk e. V.

Einführung in das Thema

Die Corona-Pandemie hatte ab März 2020 in einem bisher nicht für möglich gehaltenen Umfang das Arbeiten im häuslichen Wohnumfeld „erzwungen", und es ist auch jetzt noch nicht absehbar, wie lange dieser Zustand anhalten wird. Es ist davon auszugehen, dass der „Corona-bedingte" Umfang internetbasierter Heimarbeit nicht auf den Zustand vor 2020 zurückgehen wird, wenn die durch die Corona-Pandemie verursachten Gesundheitsgefährdungen medizinisch handhabbar geworden sind. Aller Voraussicht nach wird sich Arbeiten im „Homeoffice" langfristig auf einem hohen Niveau etablieren.

Arbeits- und Gesundheitsschutz an „Homeoffice"-Arbeitsplätzen war und ist ohnehin eine Herausforderung. Im Zusammenhang mit der „Corona-bedingten" Einrichtung von „Homeoffice"-Arbeitsplätzen ist jedoch der Arbeits- und Gesundheitsschutz oftmals völlig auf der Strecke geblieben. Die zentrale Fragestellung bei der Entscheidung, ob sich Arbeitstätigkeiten für das „Homeoffice" eignen, war: „Sind sie internetbasiert zu erledigen?". Weitergehende Fragen, wie: „Bietet das private Wohnumfeld die Möglichkeiten für die Einrichtung eines halbwegs ergonomisch gestalteten Arbeitsplatzes und für ein einigermaßen störungsfreies Arbeiten? Müssen Arbeitsmittel zur Verfügung gestellt werden und wenn ja, welche? Wie soll eine Gefährdungsbeurteilung erfolgen? Wie und worüber sollen die im „Homeoffice" beschäftigten Personen unterwiesen werden? etc." wurden ganz überwiegend gar nicht erst gestellt.

Da in absehbarer Zeit kaum zu erwarten ist, dass Aufsichtsbehörden oder Unfallversicherungsträger ihre Überprüfungspflichten erfüllen werden, wird es wohl für längere Zeit einen erheblichen Nachholbedarf beim Arbeits- und Gesundheitsschutz geben. Deshalb ist es wichtig, die für den Arbeits- und Gesundheitsschutz an „Homeoffice"-Arbeitsplätzen geltenden Vorschriften und ihre praktische Anwendung zu kennen, um möglichst schnell für eine Umsetzung Sorge zu tragen.

„Homeoffice" ist eine flexible Arbeitsform, bei der die Beschäftigten ihre Arbeit vollumfänglich oder zeitweise in ihrem privaten Wohnumfeld ausführen, unabhängig davon, ob die räumliche Situation die ergonomische Gestaltung des Arbeitsplatzes zulässt oder ob die verwendeten Arbeitsmittel gemäß der Betriebssicherheitsverordnung hinsichtlich ihrer Gebrauchstauglichkeit in der häuslichen Arbeitssituation beurteilt worden sind.

Es geht jetzt also darum, die überwiegend oder zumindest teilweise ungeregelten Arbeitssituationen gesetzeskonform auszugestalten. Eine Voraussetzung dafür ist die Kenntnis der rechtlichen Rahmenbedingungen. Diese werden im Folgenden ausführlich dargestellt.

Situationsberichte aus der „Homeoffice"-Praxis sollen verdeutlichen, welche Defizite bestehen und welcher Handlungs- und Regelungsbedarf vorhanden ist.

Abschließend werden praktische Umsetzungsfragen behandelt. Insbesondere hinsichtlich der Gefährdungsbeurteilung bei „Homeoffice"-Arbeitsplätzen, der Unterweisung von Beschäftigten und des Regelungsumfanges von Betriebsvereinbarungen.

Dieses Themenheft soll Betriebsräte dabei unterstützen, den Handlungs- und Gestaltungsbedarf in ihrem Betrieb einzuschätzen und praktische Anregungen geben, wie vorhandene Regelungslücken sachgerecht geschlossen werden können.

Klärung der wesentlichen Begriffe

Der Begriff „Homeoffice" wird in den Medien und auch umgangssprachlich ganz überwiegend verwendet, wenn es um die Beschreibung internetbasierter Erwerbsarbeit im privaten Wohnumfeld geht. In aller Regel geschieht diese Arbeit im Rahmen eines ordnungsgemäßen Arbeitsverhältnisses, erfolgt überwiegend innerhalb der regelmäßigen Arbeitszeit an einem mehr oder weniger fest eingerichteten Arbeitsplatz. Der Begriff „Homeoffice" ist allerdings rechtlich nicht definiert.

Im Arbeitsschutzrecht wurde der Begriff „Telearbeit" 2016 mit dem Inkrafttreten der novellierten Arbeitsstättenverordnung (ArbStättV) eingeführt und in § 2 Abs. 7 ArbstättV definiert:

Telearbeitsplätze sind vom Arbeitgeber fest eingerichtete Bildschirmarbeitsplätze im Privatbereich der Beschäftigten, für die der Arbeitgeber eine mit den Beschäftigten vereinbarte wöchentliche Arbeitszeit und die Dauer der Einrichtung festgelegt hat. Ein Telearbeitsplatz ist vom Arbeitgeber erst dann eingerichtet, wenn Arbeitgeber und Beschäftigte die Bedingungen der Telearbeit arbeitsvertraglich oder im Rahmen einer Vereinbarung festgelegt haben und die benötigte Ausstattung des Telearbeitsplatzes mit Mobiliar, Arbeitsmitteln einschließlich der Kommunikationseinrichtungen durch den Arbeitgeber oder eine von ihm beauftragte Person im Privatbereich des Beschäftigten bereitgestellt und installiert ist.

Eine entscheidende Voraussetzung für die Feststellung, ob „Telearbeit" im Sinnen der Arbeitsstättenverordnung vorliegt, ist demnach eine Vereinbarung über die Bedingungen der Telearbeit zwischen Arbeitgeber und dem jeweiligen Beschäftigten bzw. dem Arbeitgeber und beispielsweise dem Betriebsrat sowie die Bereitstellung der benötigten Arbeitsplatzausstattung durch den Arbeitgeber.

Damit hat letztlich der Arbeitgeber das alleinige Entscheidungsrecht darüber, ob und wenn ja, in welchem Umfang „Telearbeit" im Sinne der Arbeitsstättenverordnung ermöglicht wird. Einen Rechtsanspruch der Beschäftigten gibt es nicht.

Grundsätzlich sind zwei Formen der „Telearbeit" möglich: Als Teleheimarbeit, die ausschließlich im privaten Wohnumfeld ausgeführt wird, oder alternierend, d. h. im Wechsel zwischen dem Arbeitsplatz im privaten Wohnumfeld und einem entsprechenden Arbeitsplatz im Betrieb.

In Abgrenzung zur Telearbeit wird der Begriff „Mobiles Arbeiten" verwendet. Für diesen Begriff gibt es ebenfalls keine rechtliche Definition. Er wird auch an keiner Stelle der Arbeitsstättenverordnung erwähnt.

In der Begründung zum Entwurf der novellierten Arbeitsstättenverordnung (Bundesratsdrucksache 506/16 vom 23.9.2016) wird auf Seite 36 beschrieben, was unter „Mobile Arbeit" zu verstehen ist:

„Mobiles Arbeiten" (gelegentliches Arbeiten von zuhause aus oder während der Reisetätigkeit, Abrufen von Emails nach Feierabend außerhalb des Unternehmens, Arbeit zuhause ohne eingerichteten Bildschirmarbeitsplatz usw.) unterliegt nicht der ArbStättV; es handelt sich dabei nicht um Telearbeit im Sinne der Verordnung. Mobiles Arbeiten ist vielmehr ein Arbeitsmodell, das den Beschäftigten neben der Tätigkeit im Büro noch Arbeiten außerhalb der regulären Arbeitszeit zuhause oder unterwegs ermöglicht (ständige Zugangsmöglichkeit über Kommunikationsmittel zum Unternehmen/Betrieb).*

Diese Definition lässt unschwer erkennen, dass die vielfach tatsächlich praktizierte Form der „Mobilen Arbeit" bzw. des „Homeoffice" faktisch Telearbeit ist, jedoch ohne die formalen Voraussetzungen aus § 2 Abs. 7 ArbStättV zu erfüllen. Dies hat zur Folge, dass die Bestimmungen der Arbeitsstättenverordnung über Telearbeit für diese Arbeitsformen keine Anwendung finden. Jedoch alle einschlägigen arbeits- und gesundheitsschutzrechtlichen Bestimmungen sowie eine Reihe weiterer Gesetze und Verordnungen, wie der folgenden Übersicht zu entnehmen ist.

Gemeinsam haben „Mobile Arbeit" und „Homeoffice", dass die Arbeit nicht an einem Arbeitsplatz im Betrieb erbracht wird. Der gravierende Unterschied besteht jedoch darin, dass Beschäftigte im „Homeoffice" einen fest eingerichteten Arbeitsplatz bei sich zuhause haben, das „Mobile Arbeit" aber an gar keinen Arbeitsplatz, weder im Betrieb noch zuhause, gebunden ist.

Der DGB Index Gute Arbeit 2020 definiert „Mobile Arbeit" als *berufliche Tätigkeiten, die zumindest teilweise außerhalb eines festen, vom Arbeitgeber bereitgestellten betrieblichen Arbeitsplatzes ausgeübt werden.*

Dabei werden sechs Formen mobiler Arbeit unterschieden:

- Arbeit bei Kund*innen, Klient*innen, Patient*innen sowie anderen betriebsexternen Personen;
- Arbeit auf Dienst- und Geschäftsreisen;
- Arbeit in der eigenen Wohnung („Homeoffice");
- Arbeit an wechselnden Standorten des Unternehmens:
- Arbeit an selbst bestimmten öffentlichen Orten (z. B. Cafe);
- Arbeit in Räumlichkeiten, die für diesen Zweck angemietet wurden (z. B. „Co-Working-Spaces", Bürogemeinschaften).

Diese Schrift bezieht sich ausschließlich auf Arbeit in der eigenen Wohnung („Homeoffice").

*Der Begriff „Mobile Arbeit" ist in der o. g. Form auf die überwiegenden Arbeitssituationen nicht anwendbar, weil diese zwar zuhause erfolgen, jedoch weder gelegentlich noch nach Feierabend stattfinden. In dieser Schrift wird deshalb der Begriff „Homeoffice" verwendet, weil für „Mobile Arbeit", als auch für „Homeoffice" dieselben rechtlichen Bestimmungen gelten. Auch kann in den weitaus meisten Fällen von einem Bildschirmarbeitsplatz gesprochen werden, der allerdings nicht immer ergonomischen Gestaltungsansprüchen genügt.

Weitere Begriffe:

Bildschirmarbeitsplatz ist der räumliche Bereich im Arbeitssystem einschließlich der unmittelbaren Arbeitsumgebung, der mit Bildschirmgerät sowie gegebenenfalls mit Zusatzgeräten und sonstigen Arbeitsmitteln ausgerüstet ist.

Notebooks und Tablets, die nicht die sicherheitstechnischen, arbeitsmedizinischen und ergonomischen Forderungen erfüllen, insbesondere bezüglich der Tastaturausführung, der Trennung der Tastatur vom Bildschirm oder der Qualität der Zeichendarstellung, sind nicht für die regelmäßige Benutzung an einem Büroarbeitsplatz geeignet.

Arbeitsumgebung sind die physikalischen, chemischen und biologischen Faktoren am Arbeitsplatz. Solche Faktoren können sein:

- Platzbedarf
- Abmessungen des Arbeitsraumes

- Belüftung und Klima im Raum
- Beleuchtung und Farbgestaltung des Raumes
- Lärm

<u>Arbeitsmittel</u> sind Maschinen und Geräte, Möbel und Einrichtungen, andere im Arbeitssystem benutzte Gegenstände sowie die eingesetzte Software.

Sonstige Arbeitsmittel können sein:

- Arbeitstisch, Arbeitsfläche
- Büroarbeitsstuhl
- Vorlagenhalter
- Fußstütze

<u>Arbeitsflächen</u> sind Oberflächen von Tisch- oder Arbeitsplatten, auf denen Arbeitsmittel abhängig von Arbeitsaufgabe und -ablauf flexibel angeordnet werden können.

Abgrenzung „Telearbeit" – „Mobiles Arbeiten" bzw. „Homeoffice"

Rechtsgrundlage	Telearbeit	„Mobile Arbeit" / „Home-office"
Arbeitsschutzgesetz	Der <u>Arbeitgeber</u> hat insbesondere die erforderlichen Maßnahmen des Arbeitsschutzes unter Berücksichtigung der Umstände zu treffen, die Sicherheit und Gesundheit der Beschäftigten bei der Arbeit beeinflussen, § 3 Abs. 1 Satz 1 ArbSchG, und die Arbeit so zu gestalten, dass eine Gefährdung für Leben und Gesundheit möglichst vermieden und die verbleibende Gefährdung möglichst gering gehalten wird, § 4 Nr. 1 ArbSchG. Ob und wenn ja, welche Maßnahmen des Arbeitsschutzes erforderlich sind, ist durch eine Gefährdungsbeurteilung zu ermitteln, § 5 Abs. 1 ArbSchG. Der <u>Arbeitnehmer</u> hat Mitwirkungspflichten und die Pflicht zur Eigensicherung, § 15 ArbSchG.	
Arbeitsmedizinische Vorsorgeverordnung	Arbeitgeber muss Arbeitnehmern vor Aufnahme der Tätigkeit Angebotsvorsorge anbieten, § 5 Nr. 1 ArbMedVV.	
Arbeitszeitgesetz	ArbZG, insbesondere • §§ 3, 4 ArbZG (Arbeitszeit und Ruhepausen) • § 5 ArbZG (Ruhezeit) • § 16 Abs. 2 ArbZG (Aufzeichnungspflicht des Arbeitgebers; ggf. Delegation der Pflicht zur Aufzeichnung von Überstunden auf Arbeitnehmer) • Neu: Arbeitszeiterfassung (EuGH)	

Sozialgesetzbuch VII	SGB VII • § 7 Abs. 1 SGB VII bei Arbeitsunfällen • § 7 Abs. 2 SGB VII bei Wegeunfällen
Bundesdatenschutzgesetz	• Schutz von personenbezogenen Daten muss gewährleistet sein • keine Anwendung bezüglich des Schutzes von betrieblichen Daten
Betriebsverfassungsgesetz	• Telearbeiter und Mobile Telearbeiter sind Arbeitnehmer im Sinne des § 5 Abs. 1 Satz 1 BetrVG • Beteiligung des Betriebsrates insbesondere im Hinblick auf Arbeitsschutz, soziale und personelle Angelegenheiten

Quelle: Wissenschaftliche Dienste Deutscher Bundestag, 2017, WD 6 - 3000 - 149/16

Rechtliche Rahmenbedingungen für Telearbeit, „Mobile Arbeit" bzw. „Homeoffice"

Auch bei Telearbeit, „Mobiler Arbeit" bzw. „Homeoffice" trägt der Arbeitgeber die Verantwortung für die Sicherheit und die Gesundheit der Beschäftigten im Rahmen seiner Fürsorgepflicht (§ 618 BGB) und hat deshalb dafür Sorge zu tragen, dass die einschlägigen Gesetze und Verordnungen angewendet werden. Betriebsräte haben darüber zu wachen, dass dies auch tatsächlich geschieht (§ 80 Abs. 1 BetrVG).

Gesetzlicher Arbeits- und Gesundheitsschutz

Arbeitsschutzgesetz

Das Arbeitsschutzgesetz (ArbSchG) gilt uneingeschränkt für alle Formen der Telearbeit, der „Mobilen Arbeit" und dem „Homeoffice", unabhängig vom Arbeitsort. Dies ergibt sich aus § 1 ArbSchG „Zielsetzung und Anwendungsbereich". Das Gesetz gilt *„in allen Tätigkeitsbereichen"* mit Ausnahme von *Hausangestellten in privaten Haushalten, Beschäftigten auf Seeschiffen und in Betrieben, die dem Bundesberggesetz unterliegen.* Weitere Ausnahmeregelungen bestehen nicht.

Das Arbeitsschutzgesetz verpflichtet den Arbeitgeber, *„die erforderlichen Maßnahmen des Arbeitsschutzes unter Berücksichtigung der Umstände zu treffen, die Sicherheit und Gesundheit der Beschäftigten bei der Arbeit beeinflussen"* (§ 3 Abs. 1 ArbSchG). Gemäß § 4 Nr. 1 ArbSchG ist *„die Arbeit ist so zu gestalten, dass eine Gefährdung für das Leben sowie die physische und die psychische Gesundheit möglichst vermieden und die verbleibende Gefährdung möglichst gering gehalten wird".*

Das zentrale Instrument für die Feststellung, ob und wenn ja Maßnahmen des Arbeits- und Gesundheitsschutzes erforderlich sind, ist die Gefährdungsbeurteilung. Gemäß § 5 ArbSchG *„hat der Arbeitgeber durch eine Beurteilung der für die Beschäftigten mit ihrer Arbeit verbundenen Gefährdung zu ermitteln, welche Maßnahmen des Arbeitsschutzes erforderlich sind"*; dies hat er nach § 6 ArbSchG zu dokumentieren.

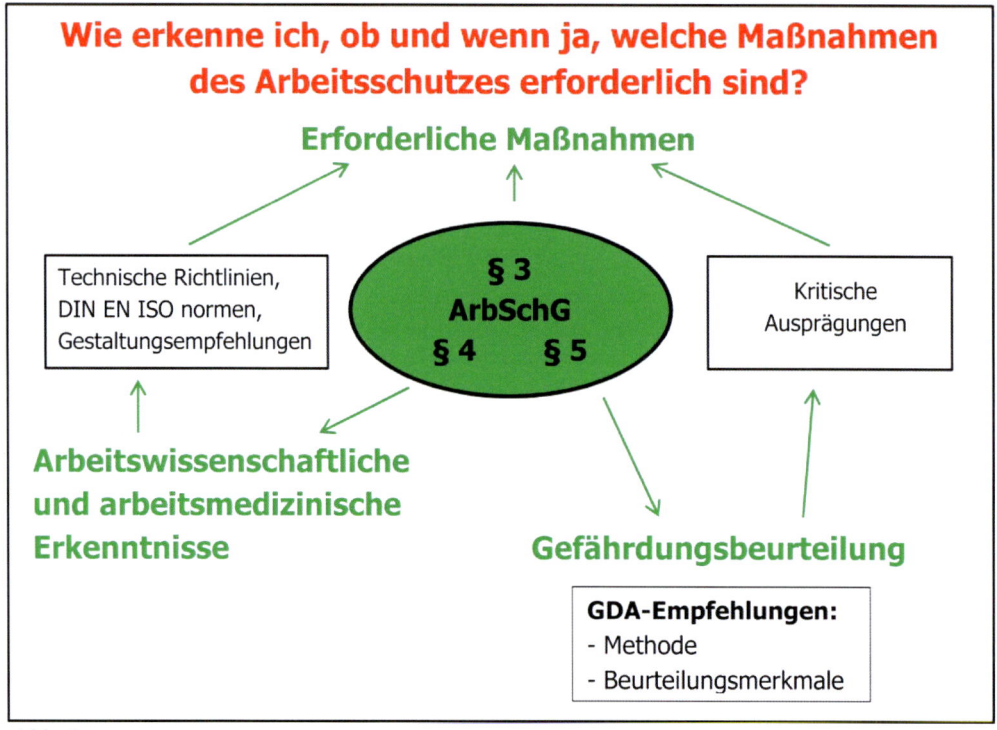

Abb. 1

Abbildung 1 versucht, eine Antwort auf die Frage „Wie kann festgestellt werden, welche Maßnahmen des Arbeits- und Gesundheitsschutzes erforderlich sind?" zu geben.

Das Arbeitsschutzgesetz legt in den §§ 3 bis 5 den Verfahrensablauf fest:

Die Gefährdungsbeurteilung gemäß § 5 ArbSchG ist das Instrument für die Ermittlung, an welchen Arbeitsplätzen bzw. bei welchen Tätigkeiten Maßnahmen des Arbeits- und Gesundheitsschutzes erforderlich sind. Über den Ablauf der Gefährdungsbeurteilung und die einzelnen Schritte des Beurteilungsprozesses besteht Klarheit (siehe z. B. ASR V3, Seite 6, Abb. 1: Schematische Darstellung der Prozessschritte der Gefährdungsbeurteilung).

Welche Gefährdungs- bzw. Belastungsfaktoren mindestens in die Gefährdungsbeurteilung einbezogen werden müssen, ergibt sich aus der Leitlinie „Gefährdungsbeurteilung und Dokumentation" und der Leitlinie „Beratung und Überwachung bei psychischer Belastung am Arbeitsplatz" der Gemeinsamen Deutschen Arbeitsschutzstrategie (GDA).

Werden durch eine Gefährdungsbeurteilung kritische Ausprägungen einzelner oder mehrerer Belastungs- bzw. Gefährdungsfaktoren festgestellt, kann in der Regel davon ausgegangen werden, dass Maßnahmen des Arbeits- und Gesundheitsschutzes erforderlich sind. Der Arbeitgeber ist gemäß § 3 ArbSchG verpflichtet, „die erforderlichen Maßnahmen des Arbeitsschutzes unter Berücksichtigung der Umstände zu treffen, die Sicherheit und Gesundheit der Beschäftigten bei der Arbeit beeinflussen".

Bei der Ausgestaltung von Maßnahmen des Arbeits- und Gesundheitsschutzes sind gemäß § 4 Ziffer 3 ArbSchG u. a. gesicherte arbeitswissenschaftliche Erkenntnisse zwingend zu berücksichtigen. Diese finden sich z. B. in Publikationen der Bundesanstalt für Arbeitsschutz und Arbeitsmedizin (BAuA), (welche dort unter www.baua.de bestellt oder heruntergeladen werden können), in technischen Regelwerken, wie z. B. den Technischen Regeln für Arbeitsstätten (ASR), und in Normen. Insbesondere die Normenreihe DIN EN ISO 9241 „Ergonomie der Mensch-System-Interaktion" enthält vielfältige Empfehlungen zur Gestaltung von Bildschirmarbeit. Diese Normenreihe beschreibt Anforderungen an die Arbeitsumgebung, Hardware und Software. Ziel der Empfehlungen ist es, gesundheitliche Schäden beim Arbeiten am Bildschirm zu vermeiden und die Ausführung der Arbeitsaufgaben zu erleichtern.

Das Ergebnis der Gefährdungsbeurteilung, die festgelegten Maßnahmen des Arbeitsschutzes und das Ergebnis der Überprüfung der Wirksamkeit der Maßnahmen sind gemäß § 6 Abs. 1 ArbSchG zu dokumentieren.

Die Gefährdungsbeurteilung im Zusammenhang mit den gegebenenfalls ergriffenen Maßnahmen des Arbeits- und Gesundheitsschutzes bilden nach § 12 ArbSchG die Grundlage für die Unterweisung der Beschäftigten. Diese Unterweisung hat grundsätzlich vor Aufnahme der Tätigkeit und bei Veränderungen im Arbeitsbereich zu erfolgen und ist regelmäßig, (in der Regel jährlich), zu wiederholen.

§ 15 Abs. 1 ArbSchG verpflichtet die Beschäftigten, *„nach ihren Möglichkeiten sowie gemäß der Unterweisung und Weisung des Arbeitgebers für ihre Sicherheit und Gesundheit bei der Arbeit Sorge zu tragen".*

Zusammenfassend kann hinsichtlich der Einführung von „Mobiler Arbeit" bzw. „Homeoffice" festgehalten werden, dass

- vor Aufnahme der Tätigkeit im „Homeoffice" eine Gefährdungsbeurteilung (§ 5 ArbSchG) und darauf aufbauend eine Unterweisung (§ 12 ArbSchG) zu erfolgen hat;
- die „Homeoffice"-Arbeitsplätze ergonomischen Gestaltungsansprüchen genügen müssen (§ 4 ArbSchG);
- die Beschäftigten ein erhöhtes Maß an Eigenverantwortlichkeit für die Einhaltung der arbeits- und gesundheitsschutzrechtlichen Bestimmungen tragen, da die „Homeoffice"-Tätigkeit im grundgesetzlich geschützten, privaten Wohnumfeld geleistet wird.

Nicht zu vergessen ist das zwingende und umfassende Mitbestimmungsrecht der Betriebsräte bei der Festlegung der Bedingungen für „Mobile Arbeit" bzw. „Homeoffice".

Arbeitsstättenverordnung

Für **Telearbeitsplätze** im Sinne des § 2 Abs. 7 ArbStättV gelten neben den oben angeführten Regelungen des Arbeitsschutzgesetzes die Bestimmungen der Arbeitsstättenverordnung. Diese sind allerdings gegenüber den für die stationären Arbeitsplätze im Betrieb geltenden Bestimmungen erheblich eingeschränkt.

So hat für Telearbeitsplätze lediglich vor der Einrichtung des Arbeitsplatzes eine Gefährdungsbeurteilung zu erfolgen (§ 1 Abs. 3 Satz 1 Nr. 1 ArbStättV). Zusätzlich hat der Arbeitgeber seine Telearbeitnehmer gemäß § 6 ArbStättV zu unterweisen, soweit der Telearbeitsplatz von dem Arbeitsplatz im Betrieb abweicht. Der Arbeitgeber hat die Beschäftigten anhand der Gefährdungsbeurteilung über die gesundheits- und sicherheitsrelevanten Fragen im Zusammenhang mit ihrer Tätigkeit, über Maßnahmen, die zur Gewährleistung der Sicherheit und zum Schutz der Gesundheit der Beschäftigten durchgeführt werden müssen, und über arbeitsplatzspezifische Maßnahmen, insbesondere bei Tätigkeiten an Bildschirmgeräten zu unterweisen.

Ferner ist die Nummer 6 des Anhangs der Arbeitsstättenverordnung zu beachten (Maßnahmen zur Gestaltung von Bildschirmarbeitsplätzen). Hier sind die grundsätzlichen Anforderungen zur Gestaltung und Organisation von Bildschirmarbeitsplätzen festgelegt. Dabei ist die Arbeit an Bildschirmarbeitsplätzen so zu organisieren und zu gestalten, dass Belastungen der Beschäftigten an Bildschirmgeräten vermieden oder soweit wie möglich verringert werden.

Die genannten Regelungen der Arbeitsstättenverordnung gelten also nur, soweit der Arbeitsplatz zuhause von dem Arbeitsplatz im Betrieb abweicht und soweit die Anforderungen unter Beachtung der Eigenart von Telearbeitsplätzen auf diesen anwendbar sind.

Praktisch bedeutet dies, dass im Falle von Telearbeit der Arbeitgeber vor der erstmaligen Einrichtung des häuslichen Arbeitsplatzes eine Gefährdungsbeurteilung erstellen muss. An die hierfür erforderlichen Informationen kann er entweder über eine Besichtigung des häuslichen Arbeitsplatzes, wenn der Arbeitnehmer zustimmt, oder über konkrete Erfragung der häuslichen Umstände beim Beschäftigten gelangen. Die Beschäftigten trifft eine Pflicht zum Eigenschutz nach § 15 Abs. 1 Satz 1 ArbSchG und eine Mitwirkungspflicht nach § 16 Abs. 2 Satz 1 ArbSchG, sodass sie verpflichtet sind, die benötigten Informationen an den Arbeitgeber weiterzugeben.

Im Anschluss an die Gefährdungsbeurteilung hat der Arbeitgeber die erforderlichen Schutzmaßnahmen zu treffen.

„Mobile Arbeit" bzw. **„Homeoffice"** unterliegt nicht der Arbeitsstättenverordnung. Da hier die Arbeit ohne Bindung an einen fest eingerichteten Arbeitsplatz außerhalb des Betriebes erfolgt und auch nicht an sonstigen Arbeitsstätten, wie sie § 2 Abs. 2 und Abs. 3 ArbStättV auflisten, stattfindet, handelt es sich bei der „Mobilen Arbeit" bzw. „Homeoffice" nicht um Telearbeit im Sinne der ArbStättV. Gleichwohl finden hier das Arbeitsschutzgesetz und weitere Gesetze und Verordnungen uneingeschränkt Anwendung.

Exkurs: Brandschutz im „Homeoffice"

Durch die Corona-Pandemie ist das mobile Arbeiten im „Homeoffice" für viele Beschäftigte schon zur Normalität geworden. Viele dieser Arbeitsplätze sind improvisiert. Dabei wird häufig der Brandschutz im „Homeoffice" vernachlässigt, Gefahren werden ausgeblendet. Insbesondere der Umgang mit Geräten und Stromkabeln kann hinsichtlich des Brandschutzes Probleme verursachen.

Mehrfachsteckdosen sind optisch wenig attraktiv und werden häufig hinter Möbelstücken verborgen. Dabei gerät nicht selten in Vergessenheit, dass man beim erstmaligen Einrichten des „Homeoffice" mehrere Mehrfachstecker hintereinander angeschlossen hat. Werden dann zu viele Geräte gleichzeitig betrieben, können sie sich erhitzen und eine Brandgefahr bewirken. Diese droht auch, wenn Mehrfachsteckdosen zwar nicht hintereinandergeschaltet sind, aber mehrere energieintensive Geräte versorgen. Insbesondere in den Wintermonaten werden elektrische Heizlüfter, ohne nachzudenken, angeschlossen.

So kann selbst festgestellt werden, ob Mehrfachsteckdosen überlastet sind:

- Zunächst ist die auf der Mehrfachsteckdose angegebene Leistung abzulesen.
- Dann kann von den einzelnen Geräten abgelesen werden, wie hoch deren Verbrauch ist. Diese Zahlenangaben sind zu addieren.
- Überschreitet die Wattzahl der angeschlossenen Geräte die höchstzulässige Wattzahl der Mehrfachsteckdose, sollten die Geräte anderweitig an das Stromnetz angeschlossen werden. Zumindest sollten nicht alle Geräte gleichzeitig genutzt werden.

Wichtig für den Brandschutz ist auch, dass als Mehrfachsteckdosen nur Markenprodukte verwendet werden (mit CE-Zeichen und dem Prüfsiegel eines anerkannten Instituts, z.B. des TÜV). Ältere oder günstig erstandene außereuropäische Fabrikate sollten ausgetauscht werden.

Zustand der Kabel und Geräte prüfen:

Es ist zu prüfen, ob die sichtbaren Stromkabel Quetschungen oder die Isolierungen äußere Schädigungen aufweisen. Falls ja, sind die Kabel und ggf. die Geräte vom Strom zu trennen , und eine Reparatur oder alternative Anschlussmöglichkeiten sind erforderlich. Kaputte Geräte haben nichts mehr am Stromnetz zu suchen. Bei Wackelkontakten von Steckdosen oder Schaltern müssen diese schnell repariert bzw. ausgetauscht werden.

Haftung des Arbeitgebers – Hausratversicherung überprüfen:

Entstehen durch Brände im „Homeoffice" bzw. daran anschließend in der ganzen Wohnung eines Beschäftigten Schäden, haftet der Arbeitgeber über seine Betriebshaftpflichtversicherung nur dann, wenn das Unternehmen den Brand verschuldet oder mitverschuldet hat. Dies ist insbesondere dann der Fall, wenn Wartungsarbeiten nicht wie vom Hersteller empfohlen bzw. gesetzlich vorgeschrieben durchgeführt wurden.

Ein weiterer Haftungsfall könnte für das Unternehmen eintreten, wenn fällige Reparaturen auf sich warten ließen oder Geräte mit gefährlichen Defekten (z.B. Schäden an der Kabelisolierung) trotz Meldung des Beschäftigten nicht ersetzt wurden.

Betriebssicherheitsverordnung (BetrSichV)

Die Betriebssicherheitsverordnung gilt für die Verwendung von Arbeitsmitteln (§ 1 Abs. 1 BetrSichV).

Der Begriff „Arbeitsmittel" ist in § 2 Abs. 1 BetrSichV definiert: *„Arbeitsmittel sind Werkzeuge, Geräte, Maschinen oder Anlagen, die für die Arbeit verwendet werden, sowie überwachungsbedürftige Anlagen".*

Der Begriff „Verwendung" ist ebenfalls definiert: *„Die Verwendung von Arbeitsmitteln umfasst jegliche Tätigkeit mit diesen. Hierzu gehören insbesondere das Montieren und Installieren, Bedienen, An- oder Abschalten oder Einstellen, Gebrauchen, Betreiben, Instandhalten, Reinigen, Prüfen, Umbauen, Erproben, Demontieren, Transportieren und Überwachen"* (§ 2 Abs. 2 BetrSichV).

Eine Einschränkung der Verwendung von Arbeitsmitteln auf den Betrieb sieht die Betriebssicherheitsverordnung nicht vor, deshalb ist die Betriebssicherheitsverordnung auch auf Telearbeit, bei der der Arbeitsgeber ohnehin die Arbeitsmittel zur Verfügung stellt, insbesondere aber bei „Mobiler Arbeit" bzw. „Homeoffice" vollumfänglich anzuwenden. Dabei ist es unerheblich, ob Arbeitsmittel verwendet werden, die der Arbeitgeber zur Verfügung stellt, oder private Arbeitsmittel (PC, Notebook, Smartphone, WLAN-Router, Webcams, Headsets etc.) zum Einsatz kommen. § 5 Abs. 4 BetrSichV schreibt vor, dass *der Arbeitgeber dafür zu sorgen* (hat), *dass Beschäftigte nur die Arbeitsmittel verwenden, die er ihnen zur Verfügung gestellt hat oder deren Verwendung er ihnen ausdrücklich gestattet hat.*

Dies hat zur Folge, dass der Arbeitgeber gemäß § 3 Abs. 1 BetrSichV vor der Verwendung von Arbeitsmitteln die auftretenden Gefährdungen zu beurteilen (Gefährdungsbeurteilung) und daraus notwendige und geeignete Schutzmaßnahmen abzuleiten hat. Das Vorhandensein einer CE-Kennzeichnung am Arbeitsmittel entbindet nicht von der Pflicht zur Durchführung einer Gefährdungsbeurteilung.

In die Beurteilung sind alle Gefährdungen einzubeziehen, die bei der Verwendung von Arbeitsmitteln ausgehen, und zwar von den Arbeitsmitteln selbst, der Arbeitsumgebung und den Arbeitsgegenständen, an denen Tätigkeiten mit Arbeitsmitteln durchgeführt werden.

Bei der Gefährdungsbeurteilung ist insbesondere Folgendes zu berücksichtigen:

- die Gebrauchstauglichkeit von Arbeitsmitteln einschließlich der ergonomischen, alters- und alternsgerechten Gestaltung,
- die sicherheitsrelevanten, insbesondere die ergonomischen Zusammenhänge zwischen Arbeitsplatz, Arbeitsmittel, Arbeitsverfahren, Arbeitsorganisation, Arbeitsablauf, Arbeitszeit und Arbeitsaufgabe,
- die physischen und psychischen Belastungen der Beschäftigten, die bei der Verwendung von Arbeitsmitteln auftreten,
- vorhersehbare Betriebsstörungen und die Gefährdung bei Maßnahmen zu deren Beseitigung.

Die Betriebssicherheitsverordnung konkretisiert mit diesen Anforderungen die Bestimmungen aus § 5 Arbeitssicherheitsgesetz. Eine weitere Konkretisierung ergibt sich aus den Technischen Regeln für Betriebssicherheit (TRBS, insbesondere TRBS 1111 Gefährdungsbeurteilung) und den Bekanntmachungen zur Betriebssicherheit (BekBS, insbesondere BekBS 1113 Beschaffung von Arbeitsmitteln).

Arbeitsmedizinische Vorsorge

Der Arbeitgeber muss Beschäftigten, die an Bildschirmgeräten arbeiten – auch im Rahmen von Telearbeit, „Mobiler Arbeit" bzw. „Homeoffice", vor Aufnahme ihrer Tätigkeit, in regelmäßigen Abständen während der Tätigkeit und beim Auftreten von Sehproblemen eine Angebotsvorsorge anbieten (§ 5 Verordnung zur arbeitsmedizinischen Vorsorge/ArbMedVV). Diese Angebotsvorsorge enthält das Angebot auf eine angemessene Untersuchung der Augen und des Sehvermögens (Anhang Teil 4 der ArbMedVV).

Die Arbeitsmedizinische Regel (AMR) 5.1 „Anforderungen an das Angebot von arbeitsmedizinischer Vorsorge" legt fest und erläutert, in welcher Form der Arbeitgeber den Beschäftigten Angebotsvorsorge gemäß § 5 Absatz 1 Satz 1 in Verbindung mit dem Anhang zur ArbMedVV anzubieten hat.

Die Arbeitsmedizinische Regel (AMR) Nr. 14.1 „Angemessene Untersuchung der Augen und des Sehvermögens" definiert, was zu einer angemessenen Untersuchung gehört: ein ärztliches Gespräch mit Ermittlung der Vorgeschichte und aktueller Beschwerden, ein Sehtest sowie eine ärztliche Beurteilung und persönliche Beratung, einschließlich Mitteilung des Ergebnisses.

Erweist sich aufgrund der Angebotsvorsorge eine augenärztliche Untersuchung als erforderlich, muss diese ermöglicht werden. Stellt sich hier heraus, dass Beschäftigte eine spezielle Sehhilfe (= Bildschirmbrille) für die Arbeit am Bildschirm benötigen, muss diese vom Arbeitgeber zur Verfügung gestellt werden (Anhang Teil 4 ArbMedVV).

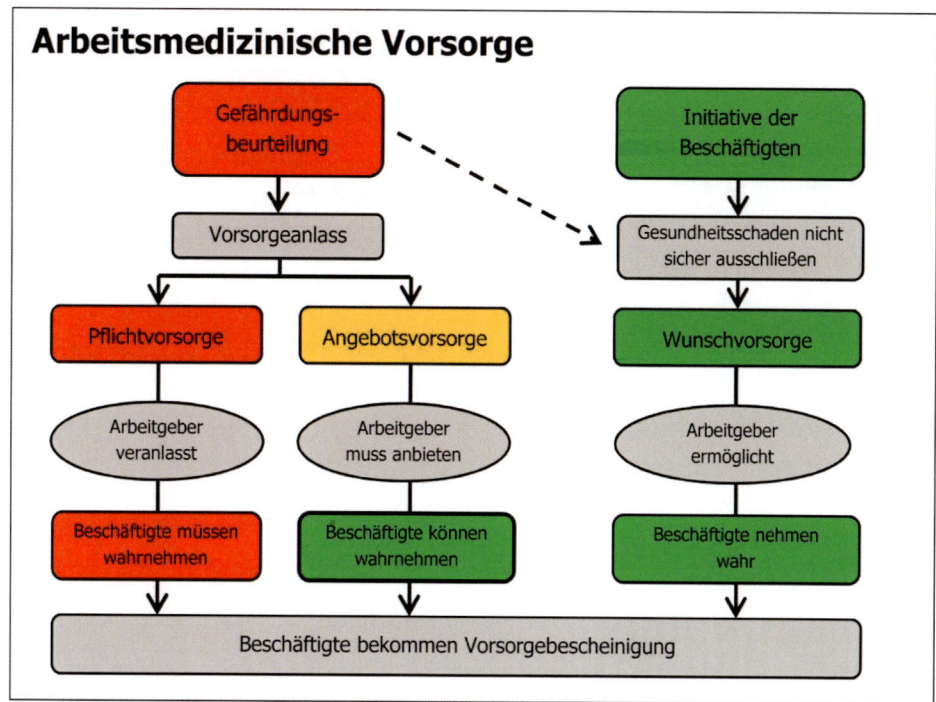

Abb. 2 Arbeitsmedizinische Vorsorge

Die Forderung aus Anhang Teil 4 ArbMedVV, dass spezielle Sehhilfen vom Arbeitgeber zur Verfügung gestellt (und bezahlt) werden müssen, wird an verschiedenen Stellen untermauert, u. a. in DGUV-I 250-008 "Sehhilfen am Bildschirmarbeitsplatz", sowie in Entscheidungen des ArbG Neumünster (Januar 2000, 4 Ca 1034 b/99), des Bundesverwaltungsgerichts (Urteil v. 27.2.2003, 2 C 2.02), LAG Hamm (Urteil v. 29.10.1999, 5 Sa 2185/98) und ArbG Frankfurt (5 Ca 2695/02).

Neben der Verpflichtung des Arbeitgebers, die Angebotsvorsorge anzubieten, besteht gemäß § 11 Arbeitsschutzgesetz der Anspruch für die Beschäftigten, sich regelmäßig arbeitsmedizinisch untersuchen zu lassen, wenn gesundheitliche Beeinträchtigungen bei bzw. durch die Arbeit nicht sicher auszuschließen sind („Wunschvorsorge").

Rechtliche Bestimmungen zur Arbeitszeit

Das Arbeitszeitgesetz (ArbZG) findet ohne jede Einschränkung auch bei Telearbeit, „Mobiler Arbeit" bzw. „Homeoffice" Anwendung. Der Arbeitgeber ist deshalb verpflichtet, auch bei diesen eher flexiblen Arbeitsformen sicherzustellen, dass die in § 3 ArbZG geregelten Begrenzungen der werktäglichen Arbeitszeit tatsächlich eingehalten werden und auch die elfstündige Ruhezeit zwischen dem Ende der Arbeit an einem Tag und dem Beginn der Arbeit am darauffolgenden Tag berücksichtigt wird (§ 5 Abs. 1 ArbZG).

Darüber hinaus sind die Bestimmungen über Ruhepausen nach § 4 ArbZG zu beachten. Im Einzelnen bedeutet dies, dass

- die werktägliche Arbeitszeit acht Stunden nicht überschreiten darf; sie kann nach § 3 Satz 2 ArbZG auf bis zu zehn Stunden nur verlängert werden, wenn innerhalb von sechs Kalendermonaten oder innerhalb von 24 Wochen im Durchschnitt acht Stunden werktäglich nicht überschritten werden (wobei der Samstag ein normaler Werktag im Sinne des Arbeitszeitgesetzes ist); wird die achtstündige Regelarbeitszeit verlängert, so ist der Arbeitgeber nach § 16 Abs. 2 ArbZG verpflichtet, die über die achtstündige

Arbeitszeit hinausgehende Arbeitszeit der Beschäftigten aufzuzeichnen und ein Verzeichnis der Arbeitnehmer zu führen, die in eine Verlängerung der Arbeitszeit gemäß § 7 Abs. 7 ArbZG eingewilligt haben. Diese Nachweise sind mindestens zwei Jahre aufzubewahren.

- die Arbeit durch im Voraus feststehende Ruhepausen von mindestens 30 Minuten bei einer Arbeitszeit von mehr als sechs bis zu neun Stunden und 45 Minuten bei einer Arbeitszeit von mehr als neun Stunden insgesamt zu unterbrechen ist (§ 4 ArbZG). Diese Ruhepausen können in Zeitabschnitte von jeweils mindestens 15 Minuten aufgeteilt werden. Länger als sechs Stunden hintereinander dürfen Beschäftigte nicht ohne Ruhepause arbeiten.
- Beschäftigte nach Beendigung der täglichen Arbeitszeit grundsätzlich eine ununterbrochene Ruhezeit von mindestens elf Stunden einhalten müssen (§ 5 Abs. 1 ArbZG).

Für den Arbeitgeber ist es bei Telearbeit, „Mobiler Arbeit" bzw. „Homeoffice" überaus schwierig, diese Verpflichtungen des Arbeitszeitgesetzes ohne Mitwirkung der Beschäftigten zu erfüllen. Es kommt also darauf an, dass

- im Rahmen der Unterweisung nach § 12 ArbSchG umfassend über die Regelungsinhalte und den „Schutzcharakter" der gesetzlichen Arbeitszeitbestimmungen informiert und an die Eigenverantwortung der Beschäftigten appelliert wird;
- die Aufzeichnungspflicht delegiert wird, in dem die Beschäftigten zur Eigenaufzeichnung über den Umfang und die Lage der täglichen Arbeitszeit verpflichtet werden. Auch dazu, die Aufzeichnungen auf Verlangen der Aufsichtsbehörde vorzulegen.

Hinsichtlich der Aufzeichnungspflicht der Arbeitszeit ist auch die Entscheidung des Europäischen Gerichtshofs (EuGH vom 14.5.2019 – C-55/18) zu beachten. Obwohl der deutsche Gesetzgeber noch nicht durch eine entsprechende Änderung des Arbeitszeitgesetzes reagiert hat, entscheiden Arbeitsgerichte bereits jetzt im Sinne des EuGH (z. B. Arbeitsgericht Emden vom 20.02.2020 - 2 Ca 94/19).

Das Arbeitsgericht Emden konkretisiert das Urteil des EuGH zur Arbeitszeiterfassung. Danach hat jeder Arbeitnehmer das Recht auf eine Begrenzung der Höchstarbeitszeit sowie auf tägliche und wöchentliche Ruhezeiten. Eine Erfassung der gesamten täglichen und wöchentlichen Arbeitszeit, (nicht nur der Zeiten, die über acht Stunden am Tag hinausgehen, wie § 16 Abs. 2 ArbZG es bisher fordert), ist demnach essenziell, um überhaupt feststellen zu können, ob es sich bei den geleisteten Stunden um über die vereinbarte Normalarbeitszeit hinausgehende Arbeitszeit handelt und ob die vorgeschriebenen Ruhezeiten eingehalten werden. Dafür müssen Arbeitgeber ein geeignetes objektives System zur Zeiterfassung etablieren.

Die Vorgaben des Europäischen Gerichtshofs lauten:

- Das Arbeitszeiterfassungssystem von Arbeitgebern muss die tägliche Arbeitszeit eines jeden Arbeitnehmers aufzeichnen.
- Das Arbeitszeiterfassungssystem von Arbeitgebern muss objektiv und verlässlich, also möglichst manipulationssicher sein.
- Das Arbeitszeiterfassungssystem von Arbeitgebern muss den Arbeitnehmern zugänglich sein. D.h., dass Arbeitnehmer die Möglichkeit haben müssen, ihre Zeiterfassung einzusehen.

Arbeitgeber, aber auch Beschäftigte in Telearbeit und „Mobiler Arbeit" bzw. „Homeoffice" müssen sich also darauf einstellen, dass es in absehbarer Zeit eine Verpflichtung zur Arbeitszeiterfassung kommen wird, die wohl deutlich über eine „handschriftliche Selbstaufzeichnung in einem Kalender" hinausgeht und ohne „Zeiterfassungstechnik" nicht auskommen wird.

Gesetzliche Unfallversicherung

Wird Telearbeit oder „Mobile Arbeit" bzw. „Homeoffice" als abhängige Beschäftigung ausgeübt, besteht der allgemeine Schutz der Beschäftigten über die gesetzliche Unfallversicherung, § 2 Abs. 1 Nr. 1 Siebtes Buch Sozialgesetzbuch (SGB VII). Der Schutz bezieht sich auf Arbeitsunfälle und Berufskrankheiten, § 7 Abs. 1 SGB VII. Arbeitsunfälle sind nach § 8 Abs. 1 Satz 1 SGB VII Unfälle von Versicherten infolge einer den Versicherungsschutz begründenden Tätigkeit. Allerdings können sich im Hinblick auf Telearbeit und „Mobile Arbeit" bzw. „Homeoffice" hier besondere Abgrenzungsfragen hinsichtlich unversicherter privater Verrichtung („eigenwirtschaftliche Tätigkeit") und versicherter betrieblicher Tätigkeit ergeben.

Das Bundessozialgericht hat in den letzten Jahren einige Entscheidungen getroffen, die diese Abgrenzungsproblematik verdeutlichen:

Anders als Beschäftigte in Betriebsstätten außerhalb der eigenen Wohnung unterlag die Klägerin dabei keinen betrieblichen Vorgaben oder Zwängen. Zwar führt die arbeitsrechtliche Vereinbarung von Arbeit in einem sogenannten „Home Office" zu einer Verlagerung von den Unternehmen dienenden Verrichtungen in den häuslichen Bereich. Eine betrieblichen Interessen dienende Arbeit „zu Hause" nimmt einer Wohnung aber nicht den Charakter der privaten, nicht versicherten Lebenssphäre.

Die der privaten Wohnung innewohnenden Risiken hat auch nicht der Arbeitgeber, sondern der Versicherte selbst zu verantworten. Den Trägern der gesetzlichen Unfallversicherung ist es außerhalb der Betriebsstätten ihrer Mitglieder (der Arbeitgeber) kaum möglich, präventive, gefahrenreduzierende Maßnahmen zu ergreifen. Daher ist es sachgerecht, das vom häuslichen und damit persönlichen Lebensbereich ausgehende Unfallrisiko den Versicherten und nicht der gesetzlichen Unfallversicherung, mit der die Unternehmerhaftung abgelöst werden soll, zuzurechnen.
(Bundessozialgericht vom 05.07.2016; Aktenzeichen: B 2 U 2/15 R)

Um ein besseres Verständnis für diese sozialversicherungsrechtlichen Fragen zu entwickeln, ist es hilfreich, die Definition des Begriffs „Arbeitsunfall" aus § 8 Abs. 1 Sozialgesetzbuch VII (SGB VII) zu betrachten.

Arbeitsunfälle sind Unfälle von Versicherten infolge einer den Versicherungsschutz nach §§ 2, 3 oder 6 SGBVII begründenden Tätigkeit (versicherte Tätigkeit). Unfälle sind zeitlich begrenzte, von außen auf den Körper einwirkende Ereignisse, die zu einem Gesundheitsschaden oder zum Tod führen.

In § 8 Abs. SGB VII sind die sogenannten Wegeunfälle definiert.

Wegeunfälle sind Unfälle auf dem direkten Weg zur Arbeit oder zurück. In der Regel beginnt dieser mit dem Verlassen des Wohnhauses (Durchschreiten der Außenhaustür) und endet mit dem Erreichen der Arbeitsstätte. Der Versicherungsschutz besteht auf dem direkten Weg und auf Umwegen, die notwendig werden,

- um Kinder während der Arbeitszeit unterzubringen,
- bei Fahrgemeinschaften,
- bei Umleitungen oder
- weil der Arbeitsplatz über einen längeren Weg zügiger erreicht werden kann.

Kein Versicherungsschutz besteht

- während einer (eigenwirtschaftlichen) Unterbrechung des Weges (z. B. Einkauf),
- bei Umwegen, die aus privaten Gründen erfolgen,
- in der Regel bei Abwegen (d. h. bei Wegen, die nicht in Richtung Wohnung oder Arbeitsstätte führen).

Hinweis: Wird der Weg aus privaten Gründen länger als zwei Stunden unterbrochen, steht der restliche Weg nicht mehr unter Versicherungsschutz.

Die tabellarische Übersicht zeigt die Grenzen des Versicherungsschutzes auf:

Tätigkeit	Versichert?
Arbeit im Homeoffice	Ja
Gang vom Arbeitsplatz zur Toilette	Nein (Sozialgericht München, Urteil vom 4.7.2019, Az. S 40 U 227/18)
Gang in die Küche, um etwas zu essen oder zu trinken	Nein (Bundessozialgericht, Urteil vom 5.7.2016, Az. B 2 U 5/15 R)
Gang zum betrieblich und privat genutzten Telefon, um einen Anruf anzunehmen	Nein (Landessozialgericht (LSG) Baden-Württemberg, Urteil vom 23.11.2006, Az. L 10 U 3788/06).
Gang zum Telefon, um einen betrieblichen Anruf zu tätigen	Ja. LSG Baden-Württemberg, s. o.
Gang aus dem privaten Bereich ins Homeoffice, um zu arbeiten	Ja (BSG, Urteil vom 27.11.2018, Az. B 2 U 28/17 R)
Weg zur Kita, um Kind zu bringen/abzuholen	Nein (BSG, 30.1.2020, B 2 U 19/18 R)

Datenschutz - Schutz personenbezogener Daten

Auch bei Telearbeit und „Mobiler Arbeit" bzw. „Homeoffice" findet die Datenschutzgrundverordnung (DSGVO) und das Bundesdatenschutzgesetz (DDSG) ohne Einschränkungen Anwendung. Das hängt insbesondere damit zusammen, dass das Datenschutzrecht anzuwenden ist, wenn personenbezogene Daten verarbeitet werden – unabhängig von dem Ort, an dem diese Verarbeitung erfolgt. Daher gelten im Rahmen von Telearbeit, „Mobiler Arbeit" bzw. „Homeoffice" keine Besonderheiten im Hinblick auf die Anforderungen an den Umgang mit personenbezogenen Daten.

Die „Wissenschaftlichen Dienste" des Deutschen Bundestages haben allerdings in dem Bericht „Telearbeit und Mobiles Arbeiten" (WD 6 - 3000 - 149/16; 2017) auf folgende Problematik aufmerksam gemacht:

Tatsächliche Besonderheiten ergeben sich jedoch aus dem Aspekt, dass im Rahmen von Arbeit im außerbetrieblichen Bereich, wie bei Telearbeit und Mobilem Arbeiten, die Kontroll- und Einflussmöglichkeiten des Arbeitgebers erschwert und insbesondere die Einflussnahme- und Missbrauchsmöglichkeit durch Dritte deutlich erhöht sind. So ist etwa die Gefahr im außerbetrieblichen Bereich viel höher, dass Außenstehende unmittelbar personenbezogene Daten visuell wahrnehmen, Zugriff auf Datenträger mit personenbezogenen Dateien erlangen oder Informationen erhalten, wie sie sich den unmittelbaren Zugang zu den geschützten Daten verschaffen können.

Ferner können sich weitere Risiken hinsichtlich der Datensicherung ergeben, wenn diese im Rahmen von Telearbeit und Mobilem Arbeiten nicht durch zentrale betriebliche Systeme erfolgt, sondern allein in der Verantwortung der Beschäftigten liegt.

Um diese Risiken zu minimieren, sollten entsprechende technische und/oder organisatorische Maßnahmen ergriffen werden. Darüber hinaus wäre die grundsätzliche Frage zu klären, welche Daten unter Berücksichtigung dieser Maßnahmen außerhalb des Betriebs verarbeitet werden können und welche Daten wegen ihrer besonderen Sensibilität weiterhin nur im Betrieb bearbeitet werden.

Datenschutz - Sicherung betrieblicher Daten vor unberechtigtem Zugriff

Das Bundesdatenschutzgesetz enthält keine konkreten Vorschriften hinsichtlich der Sicherung sensibler betrieblicher Daten oder Geheimnisse. Die Risiken, die diesen Daten im Rahmen von Telearbeit, „Mobiler Arbeit" bzw. „Homeoffice" drohen, sind jedoch dieselben wie oben genannt, sodass ihnen ebenfalls mit geeigneten technischen und organisatorischen Mitteln zu begegnen ist. Hinzu kommt, dass sich im privaten Wohnumfeld auch Dritte (Familienmitglieder, Mitbewohner, Besucher) aufhalten, die Einsicht in bzw. Zugang zu sensiblen betrieblichen Daten haben können.

Haftungsfragen und Betriebsrisiko

Haftung und Schadensersatz

Der Grundsatz für Haftung und Schadenersatz ergibt sich aus § 280 Abs. 1 BGB:

„Verletzt der Schuldner eine Pflicht aus dem Schuldverhältnis, so kann der Gläubiger Ersatz des hierdurch entstehenden Schadens verlangen. Dies gilt nicht, wenn der Schuldner die Pflichtverletzung nicht zu vertreten hat."

Grundsätzlich haften Arbeitnehmer für jeden Schaden, den sie dem Arbeitgeber durch schuldhafte Verletzung ihrer arbeitsvertraglichen Pflichten zufügen. Allerdings ist im Arbeitsrecht seit langem anerkannt, dass eine volle Haftung der Arbeitnehmer insbesondere für fahrlässig verursachte Schäden im Rahmen einer betrieblich veranlassten Tätigkeit unangemessen wäre. Nach Rechtsprechung des Bundesarbeitsgerichts gilt daher abhängig vom Verschuldensgrad folgende Haftungsbeschränkung:

- Vorsätzlich verursachte Schäden hat der Arbeitnehmer in vollem Umfang zu tragen.

- Bei grober Fahrlässigkeit hat der Arbeitnehmer in aller Regel den gesamten Schaden zu tragen, wobei eine Haftungserleichterung von einer Abwägung im Einzelfall abhängig ist.
- Bei leichtester Fahrlässigkeit haftet er dagegen nicht, während bei normaler Fahrlässigkeit der Schaden in aller Regel zwischen Arbeitgeber und Arbeitnehmer quotal zu verteilen ist.

Ob und gegebenenfalls in welchem Umfang der Arbeitnehmer an den Schadensfolgen zu beteiligen ist, richtet sich im Rahmen einer Abwägung der Gesamtumstände, insbesondere von Schadensanlass und Schadensfolgen, nach Billigkeits- und Zumutbarkeitsgesichtspunkten.

Die Grundsätze für die Haftung und die Haftungsbegrenzung gelten auch für Schäden, die Beschäftigte im Rahmen von Telearbeit, „Mobiler Arbeit" bzw. „Homeoffice" gegenüber dem Arbeitgeber verursachen.

Die Besonderheit im Rahmen von Telearbeit, „Mobiler Arbeit" bzw. „Homeoffice" besteht in einem gesteigerten Risiko für eine Schadensverursachung durch Dritte (Familienangehörige, Mitbewohner, Besucher). Als Begründung für eine Haftungsbegrenzung könnte angeführt werden, dass der Arbeitgeber durch die Installation von Geräten und Anlagen in der Wohnung des Beschäftigten das allgemeine Schadensrisiko erhöht und daher eine Einbeziehung von Dritten in den Schutzbereich des Arbeitsvertrages gerechtfertigt sei. Um rechtliche Unwägbarkeiten im Falle eines Schadenseintrittes zu entgehen, ist es zu empfehlen, Haftungsfrage in einer Vereinbarung zu klären.

Betriebsrisiko

Eine weitere Besonderheit im Hinblick auf Telearbeit, „Mobile Arbeit" bzw. „Homeoffice" ist die Frage, wer das Risiko der Entgeltzahlung trägt, wenn Arbeit am häuslichen Arbeitsplatz etwa aufgrund technischer Defekte oder Störungen im Netzwerk nicht möglich ist. Wäre im Betrieb etwa aufgrund technischer Störungen, wegen Materialmangels oder sonstiger vom Beschäftigten nicht zu vertretener Gründe das Arbeiten nicht möglich, trifft nach § 615 Satz 3 BGB und nach allgemeiner Rechtsauffassung das Risiko den Arbeitgeber („Annahmeverzug"). Im Grundsatz dürfte dies auch für Telearbeit, „Mobile Arbeit" bzw. „Homeoffice" gelten. Es wäre aber zu empfehlen, den Fall zu regeln, dass die Tätigkeit längerfristig oder sogar dauerhaft nicht ausgeführt werden kann (so etwa, ob und ab wann der Arbeitgeber als Folge der Störung die Rückkehr in den Betrieb verlangen kann).

Exkurs: Kostenerstattung bei Arbeit im „Homeoffice"

Grundsätzlich gilt dazu Folgendes: Beschäftigte haben einen Anspruch auf Ersatz der Kosten, die ihnen durch den Einsatz privater Geräte für berufliche Zwecke entstanden sind. Das betrifft etwa Stromkosten oder zusätzliche Handygebühren.

Allerdings müssen Beschäftigte die Kosten auch nachweisen können. Das wird bei Verschleißkosten für den privaten Laptop schwierig werden, denn vermutlich wird weder nachzuweisen sein, dass überhaupt Verschleißkosten entstanden sind, noch auf welche Höhe sich diese genau belaufen haben.

Streng genommen besteht übrigens auch kein Ersatzanspruch, wenn Beschäftigte von zuhause aus arbeiten und dafür die ohnehin vorhandene private Internet- oder Telefon-Flatrate nutzen. Dann entstehen durch das „Homeoffice" keine zusätzlichen Kosten.

Es wäre allerdings ein wertschätzendes Signal gegenüber den Beschäftigten, wenn ein Pauschalbetrag für gegebenenfalls entstandene Kosten gezahlt werden würde. Eine konkrete Regelung in einer Betriebsvereinbarung oder der die Arbeit im „Homeoffice" regelnden Ergänzung des Arbeitsvertrages erscheinen sinnvoll.

Beteiligung und Mitbestimmung des Betriebsrats

Sind die in Telearbeit, „Mobiler Arbeit" bzw. „Homeoffice" tätigen Beschäftigten Arbeitnehmer im Sinne von § 5 Abs. 1 Betriebsverfassungsgesetz, gelten betriebsverfassungsrechtliche Bestimmungen ohne jede Einschränkung auch für sie, unabhängig davon, ob sie ihre Arbeitsaufgabe innerhalb oder außerhalb des Betriebs erfüllen.

Der Betriebsrat hat unterschiedliche Beteiligungs- und Mitbestimmungsrechte. Als allgemeine Aufgabe hat er gemäß § 80 BetrVG *darüber zu wachen, dass die zugunsten der Arbeitnehmer geltenden Gesetze, Verordnungen, Unfallverhütungsvorschriften, Tarifverträge und Betriebsvereinbarungen durchgeführt werden.* Aus dieser Überwachungsverpflichtung leitet sich ein umfassender Informationsanspruch gegenüber dem Arbeitgeber ab. Im Zusammenhang mit der Einrichtung, Ausgestaltung und Veränderung von Telearbeit, „Mobiler Arbeit" bzw. „Homeoffice" wäre der Betriebsrat jeweils vorher vom Arbeitgeber zu unterrichten, damit er (der Betriebsrat) feststellen kann, welche Beteiligungs- und Mitbestimmungsrechte wahrzunehmen sind.

Hinsichtlich des Arbeits- und Gesundheitsschutzes hat der Betriebsrat ein recht umfängliches Mitbestimmungsrecht aufgrund von § 87 Abs. 1 Nr. 7 Betriebsverfassungsgesetz. Das Mitbestimmungsrecht bezieht sich auf Maßnahmen des Arbeitgebers zur Verhütung von Gesundheitsschäden, die durch Rahmenvorschriften (z. B. Arbeitsschutzgesetz, diverse Verordnungen) konkretisiert werden. Hierdurch soll im Interesse der betroffenen Arbeitnehmer eine möglichst effiziente Umsetzung des gesetzlichen Arbeitsschutzes erreicht werden. Das Mitbestimmungsrecht setzt ein, wenn eine gesetzliche Handlungspflicht des Arbeitgebers objektiv besteht und wegen Fehlens einer zwingenden Vorgabe betriebliche Regelungen verlangt, um das vom Gesetz vorgegebene Ziel des Arbeits- und Gesundheitsschutzes zu erreichen. D. h., der Betriebsrat hat insbesondere dabei mitzubestimmen, ob und wie

- gemäß § 5 ArbSchG Gefährdungsbeurteilungen, auch mit welchen Methoden zu erfolgen haben;
- gemäß § 3 ArbSchG Maßnahmen des Arbeits- und Gesundheitsschutzes erforderlich sind und wie diese nach § 4 ArbSchG auszugestalten sind;
- die verwendeten Arbeitsmittel gemäß der Betriebssicherheitsverordnung auf „Gebrauchstauglichkeit" etc. überprüft werden;
- die erforderliche bzw. gewünschte arbeitsmedizinische Vorsorge angeboten und organisiert wird;
- die allgemeinen Rahmenbedingungen (ergonomische Arbeitsplatzgestaltung, Arbeitszeit, Pausen und Ruhezeiten, Schutz vor Störungen und Unterbrechungen bei der Arbeit etc.) gewährleistet werden können.

Weiterhin kommen Mitbestimmungsrechte in sozialen Angelegenheiten in Betracht, so etwa ein Mitbestimmungsrecht nach

- § 87 Abs. 1 Nr. 1 BetrVG zu Fragen der Ordnung des Betriebs und des Verhaltens der Arbeitnehmer im Betrieb (An- und Abmeldung bei Beginn und Ende der Tätigkeit, Erreichbarkeit);
- § 87 Abs. Nr. 2 in Bezug auf Festlegungen von Beginn und Ende der täglichen Arbeitszeit einschließlich der Pausen sowie der Verteilung der Arbeitszeit auf einzelne Wochentage, Festlegung einer Kernzeit, in der Anwesenheit bzw. Erreichbarkeit verpflichtend sind;
- § 87 Abs. 1 Nr. 3 bei vorübergehender Verkürzung oder Verlängerung der betriebsüblichen Arbeitszeit;
- § 87 Abs. 1 Nr. 6 bei der Einrichtung und Anwendung von technischen Kontrolleinrichtungen, z. B. zur Erfassung der Arbeitszeit.

Um den Umfang des Mitbestimmungsrechts durch eine aktuelle Entscheidung des LAG Mecklenburg-Vorpommern (Beschluss vom 25.02.2020, 5 TaBV 1/20) zu verdeutlichen:

Leitsatz:

Die Einigungsstelle kann für den Regelungsgegenstand „Mobiles Arbeiten", insbesondere zur Regelung der damit zusammenhängenden Fragen des Arbeitsschutzes, der Arbeitssicherheit, der Arbeitszeit und der Arbeitsstätte, zuständig sein.

Aus der Begründung:

RdNr 22:

Das mobile Arbeiten berühre mehrere Mitbestimmungsrechte des Betriebsrats aus § 87 BetrVG, nämlich insbesondere Beginn und Ende der täglichen Arbeitszeit einschließlich der Pausen, die Verteilung der Arbeitszeit auf die einzelnen Wochentage, die Nutzung technischer Überwachungseinrichtungen sowie den Arbeitsschutz. Ein kollektiver Bezug liege vor, da die kollektiven Interessen der Arbeitnehmer des Betriebs betroffen seien.

RdNr 44:

Die mobile Arbeit, so wie die Arbeitgeberin diese versteht, unterfällt diesen Mitbestimmungstatbeständen. Mobiles Arbeiten setzt regelmäßig die Nutzung eigener oder dienstlich beschaffter elektronischer Endgeräte voraus. Diese Geräte und die hiermit produzierten Daten lassen es typischerweise zu, das Verhalten und die Leistung der Arbeitnehmer zu überwachen. Ggf. können diese Geräte zur Erfassung oder zur Kontrolle der Arbeitszeiten genutzt werden. Beginn und Ende der täglichen Arbeitszeit und Pausenzeiten mögen in anderen Betriebsvereinbarungen festgelegt sein. Aus den Anforderungen und Gegebenheiten des mobilen Arbeitens kann sich jedoch ein zusätzlicher Regelungsbedarf ergeben. Des Weiteren stellen sich Fragen des Arbeits- und Gesundheitsschutzes, z. B. im Hinblick auf das zeitliche Ausmaß der Erreichbarkeit, die Gewährleistung der Arbeitssicherheit außerhalb des Betriebsgeländes oder eines eingerichteten Heimarbeitsplatzes etc. Keinesfalls sind Mitbestimmungsrechte von vornherein klar und deutlich erkennbar auszuschließen. Nur darauf kommt es in diesem Verfahren an.

RdNr 46:

Mobiles Arbeiten hat einen kollektiven Bezug. Ein kollektiver Tatbestand liegt vor, wenn sich eine Regelungsfrage stellt, die über eine ausschließlich einzelfallbezogene Rechtsausübung hinausgeht und kollektive Interessen der Arbeitnehmer des Betriebs berührt. ... Das mobile

Arbeiten berührt zum einen nicht nur die Interessen der einzelnen mobil arbeitenden Beschäftigten, sondern auch die Interessen der Kollegen, z. B. im Hinblick auf die Erreichbarkeit, die Koordination der Zusammenarbeit, den Datenaustausch usw. ...

Das Landesarbeitsgericht Mecklenburg-Vorpommern hat mit dieser (rechtskräftigen) Entscheidung klargestellt, dass Betriebsräte ein umfassendes Mitbestimmungsrecht bei der konkreten Ausgestaltung von Telearbeit, „Mobiler Arbeit" bzw. „Homeoffice" haben und dieses Mitbestimmungsrecht auch in einem Einigungsstellenverfahren gemäß § 76 BetrVG durchsetzen können.

<u>Wechsel in „Homeoffice" bzw. aus „Homeoffice" zurück in den Betrieb ist eine Versetzung</u>

Ein Wechsel von einem betrieblichen Arbeitsplatz in Telearbeit, „Mobiler Arbeit" bzw. „Homeoffice" und umgekehrt wird in der Regel als Versetzung im Sinne des § 95 Abs. 3 BetrVG anzusehen sein, sodass die Zustimmung des Betriebsrats gemäß § 99 Abs. 1 BetrVG erforderlich wäre, bevor die Veränderung des Arbeitsortes rechtswirksam erfolgen kann.

Exkurs: „Homeoffice" in Corona-Zeiten

Am 16.04.2020 hatte das Bundesministerium für Arbeit und Soziales (BMAS) den SARS-CoV-2-Arbeitsschutzstandard veröffentlicht, der die geltenden Vorschriften für den Arbeits- und Gesundheitsschutz ergänzen und konkretisieren sollte.

Als *besondere technische Maßnahme* im Rahmen eines *betrieblichen Maßnahmenkonzeptes* wird bezüglich der Arbeit im „Homeoffice" folgende (verbindliche) Empfehlung gegeben:

6. Homeoffice

Büroarbeiten sind nach Möglichkeit im Homeoffice auszuführen, insbesondere, wenn Büroräume von mehreren Personen mit zu geringen Schutzabständen genutzt werden müssten. Homeoffice kann auch einen Beitrag leisten, Beschäftigten zu ermöglichen, ihren Betreuungspflichten (z.B. Kinder oder pflegebedürftige Angehörige) nachzukommen.

Weitere Hinweise auf gegebenenfalls zu treffende Maßnahmen des Arbeits- und Gesundheitsschutzes erfolgen nicht.

Am 10.08.2020 veröffentlichten die „Arbeitsschutzausschüsse beim BMAS" die SARS-CoV-2-Arbeitsschutzregel. Diese Ausschüsse haben gemäß § 18 Absatz 2 Ziffer 5 Arbeitsschutzgesetz *das Bundesministerium zur Anwendung der Rechtsverordnungen zu beraten, dem Stand der Technik, Arbeitsmedizin und Hygiene entsprechende Regeln und sonstige gesicherte arbeitswissenschaftliche Erkenntnisse zu ermitteln sowie Regeln zu ermitteln, wie die in den Rechtsverordnungen gestellten Anforderungen erfüllt werden können.*

Diese SARS-CoV-2-Arbeitsschutzregel konkretisiert für den gemäß § 5 Infektionsschutzgesetz festgestellten Zeitraum der epidemischen Lage von nationaler Tragweite (nachfolgend Epidemie) die Anforderungen an den Arbeitsschutz in Hinblick auf SARS-CoV-2 und wird bei Bedarf entsprechend angepasst.

Damit ist sie für einen begrenzten Zeitraum verbindliche Vorschrift, die auch tatsächlich angewendet und umgesetzt werden muss.

Hinsichtlich der Arbeit im „Homeoffice" bestimmt die SARS-CoV-2-Arbeitsschutzregel folgendes:

2.2 Homeoffice als Form mobiler Arbeit

(1) Mobiles Arbeiten ist eine Arbeitsform, die nicht in einer Arbeitsstätte gemäß § 2 Absatz 1 Arbeitsstättenverordnung (ArbStättV) oder an einem fest eingerichteten Telearbeitsplatz gemäß § 2 Absatz 7 ArbStättV im Privatbereich des Beschäftigten ausgeübt wird, sondern bei dem die Beschäftigten an beliebigen anderen Orten (zum Beispiel beim Kunden, in Verkehrsmitteln, in einer Wohnung) tätig werden.

(2) Für die Verrichtung mobiler Arbeit werden elektronische oder nichtelektronische Arbeitsmittel eingesetzt.

(3) Homeoffice ist eine Form des mobilen Arbeitens. Sie ermöglicht es Beschäftigten, nach vorheriger Abstimmung mit dem Arbeitgeber zeitweilig im Privatbereich, zum Beispiel unter Nutzung tragbarer IT-Systeme (zum Beispiel Notebooks) oder Datenträger, für den Arbeitgeber tätig zu sein.

(4) Regelungen zur Telearbeit bleiben unberührt.

4.2.4 Homeoffice („C-ASS" Punkt 6)*

(1) Homeoffice als Form der mobilen Arbeit bietet eine Möglichkeit, die Zahl der gleichzeitig im Betrieb anwesenden Beschäftigten zu reduzieren und die Einhaltung von Abstandsregeln zu unterstützen. Dies gilt insbesondere, wenn Büroräume ansonsten von mehreren Beschäftigten bei Nichteinhaltung der Abstandsregel genutzt werden müssten.

(2) Auch für Arbeiten im Homeoffice gelten das ArbSchG und das Arbeitszeitgesetz. Regelungen zu Arbeitszeiten und Erreichbarkeit sollen getroffen werden. Beschäftigte sind im Hinblick auf einzuhaltende Arbeitszeiten, Arbeitspausen, darüber notwendige Dokumentation, die ergonomische Arbeitsplatzgestaltung und die Nutzung der Arbeitsmittel, zum Beispiel korrekte Bildschirmposition, möglichst separate Tastatur und Maus, richtige und wechselnde Sitzhaltung und Bewegungspausen zu unterweisen.

(3) Der Arbeitgeber muss durch geeignete Arbeitsorganisation sicherstellen, dass Beschäftigte, denen entsprechende technische Möglichkeiten für das Homeoffice im Moment nicht zur Verfügung stehen, ihre Arbeitsaufgaben erfüllen können und ausreichend Zugang zu betrieblicher Kommunikation und Informationen unter Beachtung von Abschnitt 4.2.12 (Berücksichtigung psychischer Belastungen; Anm. Verfasser) *haben.*

*"C-ASS" = Corona-Arbeitsschutzstandard vom 16.04.2020

Die SARS-CoV-2-Arbeitsschutzregel definiert „Homeoffice als Form mobiler Arbeit". Die Regelungen der Arbeitsstättenverordnung zur Telearbeit bleiben davon ausdrücklich unberührt. Als Beispiel für ein im „Homeoffice" zu nutzendes IT-System schlägt die Arbeitsschutzregel Notebooks vor, die möglichst mit separater Tastatur und Maus ausgerüstet sein sollen.

Das erscheint auf den ersten Blick plausibel, da viele Menschen gar keinen Desktop-PC mehr besitzen und für zeitlich begrenzte Tätigkeiten ja auch nicht benötigen. Sollen Notebooks jedoch für reguläre Bildschirmarbeit eingesetzt werden, ergeben sich einige Widersprüche zu einschlägigen Gestaltungsempfehlungen z. B. der gesetzlichen Unfallversicherungen.

So ist der DGUV Regel 115-401 „Branche Bürobetrieb" vom Mai 2018 zu entnehmen:

Für die Arbeit am stationären Büroarbeitsplatz ist ein Notebook oder Tablet-PC ohne Peripheriegeräte nicht geeignet. Um Konformität mit der Arbeitsstättenverordnung zu erreichen und ergonomisch arbeiten zu können, müssen Sie eine externe Tastatur und Maus sowie einen zusätzlichen Bildschirm anschließen. Dies gilt insbesondere für Ihre Beschäftigten im Außendienst, die zuhause oder beim Kunden umfangreichere Büroarbeiten erledigen.

Im Unterschied dazu empfiehlt die SARS-CoV-2-Arbeitsschutzregel ziemlich unverbindlich, wie die häusliche Arbeitssituation zu gestalten ist, weil davon ausgegangen wird, dass Beschäftigte nur zeitweilig in ihrem Privatbereich für den Arbeitgeber tätig sind und das auch nur, solange die „Corona-bedingten" Gesundheitsgefährdungen medizinisch noch nicht beherrschbar sind. Die Realität ist allerdings eine andere – insbesondere was die Dauer und die Perspektive betrifft.

Das Leibniz-Zentrum für Europäische Wirtschaftsforschung (ZEW) hat am 06.08.2020 unter dem Titel „Unternehmen wollen auch nach der Krise an Homeoffice festhalten" das Ergebnis einer Umfrage veröffentlicht.

Hier die wesentlichen Erkenntnisse:

Die Corona-bedingten Anpassungen der Arbeitsorganisation haben vielen Unternehmen gezeigt, dass sich mehr Tätigkeiten für die Arbeit im Homeoffice eignen als bislang angenommen. Aufgrund der neuen Erfahrungen und Erkenntnisse planen viele Unternehmen, Homeoffice auch nach der Krise intensiver zu nutzen als vor dem Beginn der Corona-Pandemie. Dabei musste etwa jedes dritte Unternehmen kurzfristig in neue Technologien investieren, um während der Krise Homeoffice zu nutzen.

Eine mögliche Ursache für die auch nach der Krise stärkere Nutzung von Homeoffice ist die Erfahrung aus der Krise, dass weniger Tätigkeiten als bislang angenommen im Büro erledigt werden müssen. Die Investitionen in neue Technologien, die für etwa jedes dritte Unternehmen notwendig waren, um während der Krise Homeoffice nutzen zu können, werden sich demnach auch langfristig auszahlen.

Aus der folgenden Abbildung sind die Veränderungen der Anteile der Beschäftigten im „Homeoffice" vor, während und nach der Corona-Krise ersichtlich.

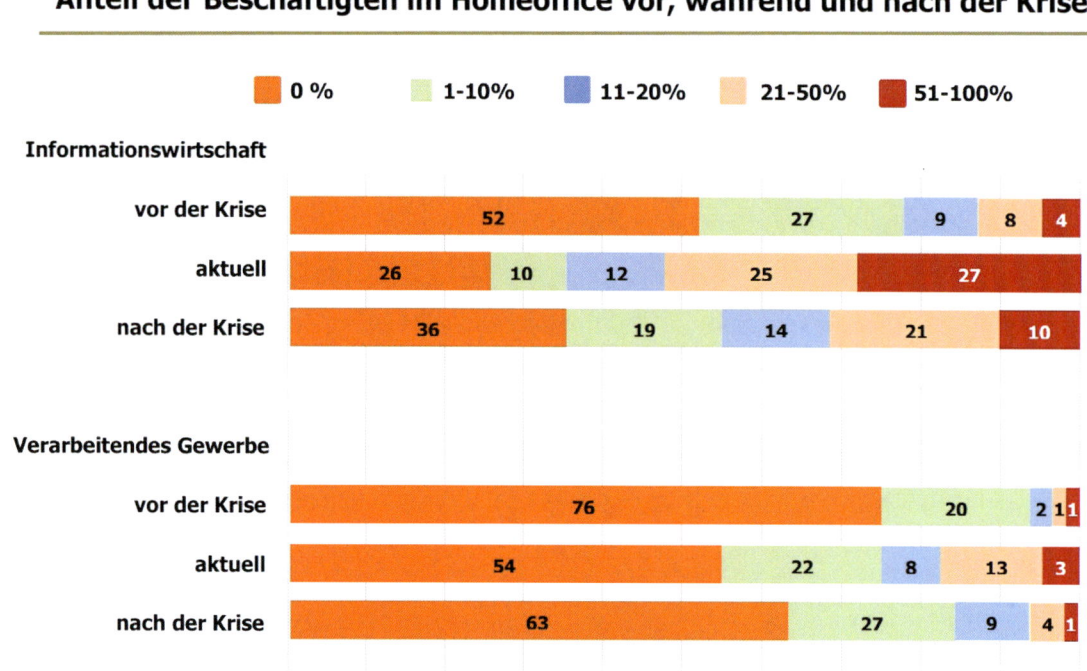

Anteil der Beschäftigten im Homeoffice vor, während und nach der Krise

Lesehilfe: In 9 Prozent der Unternehmen in der Informationswirtschaft haben vor der Corona-Krise zwischen 11 und 20 Prozent der Beschäftigten regelmäßig mindestens einmal wöchentlich im Homeoffice gearbeitet. Nach der krise soll dieser Unternehmensanteil bei schätzungsweise 14 Prozent liegen.

Quelle: ZEW Konjunkturumfrage Informationswirtschaft, 2020

Abb. 3 Entwicklung des Anteils der Beschäftigten im Homeoffice; Quelle ZEW

Aller Voraussicht nach hat sich die Arbeit im „Homeoffice" etabliert und wird auch perspektivisch einen nennenswerten Umfang haben. Bereits jetzt ist erkennbar, dass diese Entwicklung weitere Veränderungen der Arbeitswelt nach sich ziehen wird. Wenn immer mehr Beschäftigte ins „Homeoffice" wechseln, versuchen Betriebe in ihren Büros Platz zu sparen, etwa indem sich mehrere Beschäftigte einen Schreibtisch teilen (Desksharing). Immer mehr Unternehmen versuchen, teuer angemietete Büroflächen einzusparen. Beim Desksharing teilen sich mehrere Beschäftigte einen Büro-Arbeitsplatz für ihre Präsenzzeit im Betrieb und verbringen den Rest ihrer Arbeitszeit im „Homeoffice" oder Außendienst.

Allerdings ist Desksharing nicht für jeden gleichermaßen geeignet: Einem Mitarbeiter, dessen Arbeitsplatz behinderungsgerecht angepasst wurde, kann nicht zugemutet werden, sich täglich einen neuen zuweisen zu lassen. Auch sind an die ergonomische Gestaltung höhere Anforderungen zu stellen, da diese Arbeitsplätze von verschiedenen Personen mit unterschiedlichen Körpermaßen genutzt werden.

Zwischenzeitlich hat auch die Deutsche Gesetzliche Unfallversicherung (DGUV) reagiert und unter dem Titel „Büro Arbeiten im Homeoffice – nicht nur in der Zeit der SARS-CoV-2-Epidemie" Gestaltungempfehlungen für „Homeoffice"-Arbeitsplätze gegeben. Dazu mehr weiter unten im Abschnitt „Wie sollten Arbeitsplätze im Homeoffice gestaltet sein?"

Situationsberichte – „Homeoffice" als Arbeitsalltag

Es ist bereits darauf hingewiesen worden, dass „Corona-bedingt" faktische Telearbeit in erheblichem Maße zugenommen hat, ohne dass die feinsinnige Frage gestellt wurde, ist dies nun Telearbeit im Sinne der Arbeitsstättenverordnung oder nicht.

In vielen Fällen wird der Begriff „Mobile Arbeit" verwendet und unterstellt, dass deshalb die Bestimmungen der Arbeitsstättenverordnung nicht angewendet werden müssen – damit gemeint ist aber, es fänden überhaupt keine Arbeits- und Gesundheitsschutzbestimmungen Anwendung und es müssten keinerlei verbindliche Regelungen getroffen werden. Dass die rechtlichen Bedingungen andere sind, ist weiter oben ausgeführt worden. Hier geht es nun um die alltägliche Praxis. In Interviews mit Personen, die insbesondere aufgrund der Corona-Pandemie ganz oder teilweise von zuhause aus arbeiten, sollen die konkreten Arbeitssituationen dargestellt werden, um herauszuarbeiten, ob die einschlägigen Bestimmungen über Arbeits- und Gesundheitsschutz berücksichtigt wurden, welche individuellen Vor- und Nachteile gesehen werden und welcher Regelungsbedarf gegebenenfalls besteht.

Situationsbericht I

Das Interview wurde in der Wohnung von Frau L.* geführt. So war es möglich, die Arbeitssituation durch persönliche Inaugenscheinnahme einschätzen zu können.

Frau L. ist in einem Betrieb aus dem Bereich Sozialversicherung als „DV Anwendungsbetreuerin" beschäftigt. Seit Mitte März 2020 arbeitet sie aus Anlass der Corona-Pandemie von zuhause aus.

In dem Betrieb existiert seit längerem eine Betriebsvereinbarung Telearbeit. Diese findet jedoch keine Anwendung auf die „Corona-bedingten" Verlagerungen der Arbeitsplätze in das private Wohnumfeld, da es sich nach arbeitgeberseitiger Auffassung hierbei um „Mobile Arbeit" handeln würde. Aus diesem Grund sind auch keine weiteren <u>Vereinbarungen</u> über die Modalitäten hinsichtlich der veränderten Arbeitssituation getroffen worden.

Im betrieblichen Intranet informierte die Geschäftsführung über einige Unterstützungsangebote (z. B. kostenlose Beratung bei „durch die Corona-Krise hervorgerufene Belastungen, Sorgen oder Ängste", Ausgabe von SIM-Karten bei fehlenden Internetanschlüssen und Transport von technischer Ausstattung zur Wohnung) und verbindliche Regularien, insbesondere zum Datenschutz und zur Datensicherheit.

Eine <u>Kostenerstattung</u> durch den Arbeitgeber erfolgte nicht.

Eine <u>Gefährdungsbeurteilung</u> gemäß § 5 Arbeitsschutzgesetz erfolgte nicht.

Eine <u>Unterweisung</u>, wie mit der neuen Arbeitssituation umzugehen, wie der neue Arbeitsplatz einzurichten und wie Datenschutz und Datensicherheit technisch und praktisch zu gewährleisten sind, erfolgte ebenfalls nicht.

Die DV-technischen <u>Arbeitsmittel</u> (Rechner, Monitor, Headset) sind vom Arbeitgeber gestellt worden. Ob diese gemäß der Betriebssicherheitsverordnung beurteilt wurden, konnte nicht festgestellt werden, ist jedoch zweifelhaft, da die Arbeitssituation, in der sie aktuell verwendet werden, dem Arbeitgeber bisher nicht bekannt war.

Der <u>Arbeitsplatz</u> befindet sich in einem separaten Arbeitszimmer. Die ergonomische Gestaltung ist im Großen und Ganzen nicht zu beanstanden. Ein verstellbarer Bürostuhl mit Armlehnen, der dynamisches Sitzen ermöglicht, ist vorhanden. Der Arbeitstisch hat eine ausreichende Größe, ist nicht höhenverstellbar, jedoch an die Körpermaße angepasst. Die Monitore sind korrekt zur Fensterfront ausgerichtet. Auch die verwendeten Eingabegeräte (Tastatur, Maus) sind nicht zu beanstanden.

Der Umfang dieser „Mobilen Arbeit" ist im Grunde Vollzeit, die Anwesenheitszeit im Betrieb von etwa einem halben Tag je Woche ist allerdings zur Abstimmung und Koordinierung arbeitsorganisatorischer Fragen erforderlich gewesen und auch weiterhin erforderlich.

Die regelmäßige Arbeitszeit wird durch „Selbstaufschreibung" erfasst. Die „alte" Arbeitszeitregelung mit Kernzeit etc. ist im Grunde beibehalten worden, (dies ist auch wichtig für eine verlässliche Kommunikation mit anderen Beschäftigten). Insofern gibt es eine Struktur für den „Mobilen Arbeitstag", die auch angemessene Pausen beinhaltet.

Die Kommunikation mit Vorgesetzten und Kolleg*innen erfolgte durch Video- bzw. Telefonkonferenzen. Die Teilnahme an Videokonferenzen ist dadurch eingeschränkt, dass keine WebCam vorhanden ist. Insgesamt erforderten diese neuen Kommunikationsformen einen Lernprozess aller Teilnehmenden hinsichtlich Disziplin und Struktur, der allerdings nach kurzer Zeit erfolgreich abgeschlossen werden konnte, weil gelernt wurde, zwischen der notwendigen Klärung arbeitsorganisatorischer Fragen und dem Bedürfnis nach persönlichem Kontakt zu unterscheiden.

Störungen und Unterbrechungen bei der Arbeit im „Homeoffice" hielten sich in Grenzen, erfolgten jedoch dann, wenn der Lebenspartner, der ebenfalls zuhause im gemeinsamen Arbeitszimmer arbeitete, auch an Video- oder Telefonkonferenzen teilnahm.

Hinsichtlich des Datenschutzes und der Datensicherheit musste eine recht umfangreiche Verpflichtungserklärung unterzeichnet werden. Darüber hinaus wurde die Nutzung externer Software zur Kommunikation untersagt bzw. der Versand von Sozialdaten auf sämtlichen sogenannten sozialen Medien für unzulässig erklärt.

Eine Erstattung für gegebenenfalls auftretende Kosten durch die Nutzung des privaten Wohnumfeldes für dienstliche Zwecke erfolgt nicht.

Positiv an der Arbeit im „Homeoffice" sind entspanntes, aber dennoch konzentriertes Arbeiten und die Möglichkeit, die Erledigung der Arbeitsaufgaben flexibler einzuteilen.

Verbessert werden müsste der regelmäßige Austausch mit den Arbeitskolleg*innen. Dieser fehlt und wird vermisst. Auch müssten die technischen Arbeitsmittel (insbesondere Webcam) vervollständigt werden.

Die Arbeit im „Homeoffice" war zunächst bis Ende September 2020 begrenzt, dann aber auf unbegrenzte Zeit verlängert.

Situationsbericht II

Das Interview mit Herrn W.* wurde außerhalb seines privaten Wohnbereichs geführt, deshalb konnte die häusliche Arbeitssituation nicht persönlich in Augenschein genommen werden.

Herr W. ist in einem Betrieb aus dem Bereich Rohstoffhandel im Qualitätsmanagement beschäftigt. In der Zeit von Mitte März bis Anfang Juni 2020 hat er „Corona-bedingt" teilweise von zuhause aus gearbeitet.

Telearbeit, „Mobile Arbeit" bzw. „Homeoffice" war in dem Betrieb bisher nicht üblich und wird es aus heutiger Sicht auch zukünftig nicht sein, da die Tätigkeiten in der internationalen Lieferkette primär im Tagesgeschäft vor Ort stattfinden. Ausgelöst durch die Corona-Pandemie wurde auf Veranlassung des Arbeitgebers die Belegschaft nach Fach- und Sachgesichtspunkten in zwei Gruppen aufgeteilt, die im wöchentlichen Wechsel zuhause und im Betrieb gearbeitet haben.

Die Entscheidung für das Zwei-Gruppensystem wurde von der Geschäftsführung in einer Belegschaftsversammlung vorab mitgeteilt. Primäres Ziel war es, dass im Falle einer Corona-Infektion im Unternehmen eine Gruppe das Tagesgeschäft vor Ort autark weiterführen kann; ein Modell mit Kurzarbeit sollte unbedingt vermieden werden. Zum Schutz der Beschäftigten sollte auf die Nutzung öffentlicher Verkehrsmittel verzichtet werden. Sofern es individuell nicht möglich war, Fahrgemeinschaften mit 2 Personen einzurichten, wurden von der Firma Leihwagen für die betreffenden Beschäftigten organisiert, die für den Zeitraum der zwei Gruppen genutzt werden konnten.

Bereits vor Einführung des Zwei-Gruppensystems mussten Beschäftigte, die aus einem Corona-Risikogebiet z.B. urlaubsbedingt zurückkehrten, in einer 14-tägigen Quarantäne zuhause bleiben. Reisen in Risikogebiete zu der Zeit sollten immer vorab mit der Geschäftsführung abgesprochen werden. Es wurde wiederholt darauf hingewiesen, sich an die allgemeingültigen Corona-Regeln zu halten, im Betrieb galt das entsprechende Hygienekonzept (z.B. Einhaltung der Abstandsregeln etc.).

Weitere Vereinbarungen hatte es nicht gegeben.

Eine Gefährdungsbeurteilung und eine besondere Unterweisung hinsichtlich der Arbeit im „Homeoffice" erfolgten nicht.

DV-technische Arbeitsmittel (Laptop, notwendige Kabel, Tastaturen, separater großer Monitor für bessere Ergonomie, Drucker usw.) wurden betriebsseitig gestellt und bei Bedarf auch nachträglich per Kurier zu den Beschäftigten nach Hause geliefert. Der Arbeitsplatz wurde selbst eingerichtet. Da die Tätigkeit keine kontinuierliche Bildschirmarbeit erforderte, waren keine besonders hohen Anforderungen an die ergonomische Gestaltung zu stellen.

„Corona-bedingt" wurde in moderne Telekommunikation z.B. für Videokonferenzen investiert (Software, Headsets etc.).

Die Arbeit im „Homeoffice" erfolgte im wöchentlichen Wechsel mit Arbeiten am regulären Arbeitsplatz im Betrieb. Die Arbeitszeit im „Homeoffice" wurde nicht erfasst, da erwartet wurde, dass die betriebsübliche Arbeitszeitspanne von 09:00 bis 17:00 Uhr eingehalten würde. Dadurch ergab sich auch eine verhältnismäßig stabile Struktur des Tagesablaufs im „Homeoffice".

Die Kommunikation erfolgte in Form von Video-Konferenzen mittels MS Teams und per Telefon. Störungen und Unterbrechungen im häuslichen Arbeitsumfeld hielten sich in Grenzen und wurden als wesentlich geringer empfunden als bei Arbeiten im Betrieb.

Der Arbeitgeber zahlte ca. 500,00 € an jeden Beschäftigten zum Ausgleich etwaiger persönlicher Kosten. Sofern weitere Kosten, z.B. für die geschäftliche Nutzung von privaten Mobiltelefonen, entstehen sollten, wurde angeboten, die Kosten nach Einreichung der Rechnung zu übernehmen.

Besondere Belehrungen und Unterweisungen zu Datenschutz und Datensicherheit im „Homeoffice" erfolgten nicht. Es wurde allerdings darauf hingewiesen, dass die gleichen Bedingungen wie im Betrieb zu gelten haben.

Als positiv wurde herausgestellt, dass im häuslichen Umfeld wesentlich konzentrierter gearbeitet werden konnte und die Aufarbeitung von Arbeitsaufgaben, die sonst im „Tagesgeschäft" untergegangen sind, ohne weiteres möglich gewesen ist.

Da die „Homeoffice-Aktion" Mitte Juni beendet wurde, erübrigten sich Überlegungen für Verbesserungen oder eine Optimierung dieser Arbeitsform.

Situationsbericht III

Das Interview mit Herrn G.* wurde in seinem häuslichen Umfeld geführt. Eine persönliche Inaugenscheinnahme der Arbeitssituation war deshalb möglich und ist auch Bestandteil des

Abb. 4 Arbeitssituation Herr G.

Interviews (siehe Abb.4). Herr G. ist in einem Betrieb aus dem Bereich der Sozialversicherung als Datenbankadministrator beschäftigt.
In dem Betrieb läuft seit etwa einem Jahr ein Pilotprojekt „Flex-Office" (Beginn: Juli 2019).
Im Rahmen dieses Projektes können Beschäftigte bis zu 40 % ihrer individuellen
Arbeitszeit (= 2 Tage/Woche) in Absprache mit ihrem Vorgesetzten „an Arbeitsplätzen außerhalb des Betriebs" erbringen. Herr G. nimmt auf der Grundlage einer Zusatzvereinbarung zu seinem Arbeitsvertrag an diesem Pilotprojekt teil. Diese Zusatzvereinbarung regelt recht umfassend die Modalitäten für die „Mobile Arbeit".
Mit Beginn der Corona-Pandemie – ab Mitte März 2020 – wurden die bisherigen „40 % Arbeitszeit" auf 100 % ausgeweitet, d. h., die Arbeitsleistung erfolgt ausschließlich im privaten Wohnumfeld. Eine entsprechende Ergänzung der Zusatzvereinbarung erfolgte nicht.

Zum besseren Verständnis der in dem Interview getroffenen Aussagen wird zunächst die Zusatzvereinbarung näher beschrieben.

Sie ist sehr umfangreich und regelt im Grunde alle relevanten Fragen im Zusammenhang mit „Homeoffice". Im Einzelnen sind dies:

Die Arbeitsorte, an denen die Arbeitsleistung zu erbringen ist, werden als außerbetriebliche und betriebliche Arbeitsstätte bezeichnet. Die private Wohnung ist die „außerbetriebliche Arbeitsstätte". Das Interessante an dieser Vereinbarung ist die Kombination der verwendeten Begrifflichkeiten. Es kommen die Begriffe aus der Arbeitsstättenverordnung (Arbeitsstätte, Arbeitsplatz) zur Anwendung, um die Verfahrensweise für „Mobiles Arbeiten" zu regeln. Wobei „Mobile Arbeit" wie bereits oben beschrieben zwar im privaten Wohnumfeld stattfinden kann, aber gerade nicht an einen fest eingerichteten Arbeitsplatz gebunden ist. Dieses Beispiel zeigt recht anschaulich, welche Verrenkungen unternommen werden, um den Begriff „Telearbeit" zu vermeiden – vermutlich in der Hoffnung, einschlägiges Arbeits- und Gesundheitsschutzrecht nicht anwenden zu müssen.

Die Regelungen zur Arbeitszeit sind im Wesentlichen identisch mit den Regelungen für den Betrieb. Es gilt eine Regelung über „Flexible Arbeitszeit" mit einem Zeitrahmen von 06:00 bis 20:00 Uhr. Die Bestimmungen des Arbeitszeitgesetzes sind zu beachten.

„Homeoffice"-spezifische Regelungen sind: Die telefonische Erreichbarkeit ist sicherzustellen. Fahrten zwischen „außerbetrieblicher" und „betrieblicher" Arbeitsstätte gelten als nicht dienstlich veranlasst und werden somit weder vergütet noch auf die Arbeitszeit angerechnet. Nicht behebbare Systemstörungen am außerbetrieblichen Arbeitsplatz sind unverzüglich zu melden. In diesem Fall ist nach Absprache mit dem Vorgesetzten gegebenenfalls die betriebliche Arbeitsstätte aufzusuchen.

Hinsichtlich der technischen Ausstattung des außerbetrieblichen Arbeitsplatzes stellt der Arbeitgeber die notwendigen technischen Arbeitsmittel unentgeltlich zur Verfügung. Sie verbleiben in seinem Eigentum, dürfen für private Zwecke nicht genutzt werden und sind vor dem Zugriff durch Dritte zu schützen.

Kosten und Aufwendungen, (z. B. anteilige Miete, Mobiliar, Einrichtungs- und Verbindungskosten für Telefon/Internet), werden vom Arbeitgeber nicht erstattet.

Es bestehen umfassende Verpflichtungen zum Datenschutz und zur Datensicherheit aufgrund einer zusätzlichen Verpflichtungserklärung.

Die Verantwortung für Arbeitssicherheit und Gesundheitsschutz wird mit dem Hinweis, dass an den außerbetrieblichen Arbeitsplatz grundsätzlich die gleichen Anforderungen gestellt werden, wie an den betrieblichen, auf den Beschäftigten übertragen.

Durch die Zusatzvereinbarung wird dem Arbeitgeber ein Betretungsrecht zum außerbetrieblichen Arbeitsplatz innerhalb der üblichen Arbeitszeit eingeräumt, um die Einhaltung der jeweils gültigen Arbeitsschutz-, Datenschutz-, und Datensicherheitsbestimmungen zu überprüfen.

Die Bestimmungen über die Beendigung dieser Zusatzvereinbarung ermöglichen dem Arbeitgeber unter anderem den fristlosen Widerruf aufgrund dringender betrieblicher Gründe.

Die Zusatzvereinbarung ist grundsätzlich positiv, sie enthält allerdings einige Bestimmungen, die eindeutig zu Gunsten des Arbeitgebers wirken oder Verfahrensweisen vorschreiben, die im privaten Wohnumfeld nur schwer zu realisieren sind. Dies sind insbesondere die Möglichkeit des Arbeitgebers zum fristlosen Widerruf der Zusatzvereinbarung „aufgrund dringender betrieblicher Gründe", die Übertragung der Verantwortung für Arbeitssicherheit und Gesundheitsschutz auf den Beschäftigten und die umfassenden Regelungen zum Datenschutz und zur Datensicherheit.

Soweit die Zusatzvereinbarung, zurück zum Interview.

Eine Gefährdungsbeurteilung erfolgte nicht. Es gab allerdings eine recht umfangreiche Unterweisung (online) hinsichtlich der ergonomischen Gestaltung von Bildschirmarbeitsplätzen.

Die technischen Arbeitsmittel sind vereinbarungsgemäß vom Arbeitgeber zur Verfügung gestellt worden (Laptop, Monitor, Smartphone etc.). Die Büromöbel (Stuhl, Tisch etc.) sind Privateigentum.

Der Arbeitsplatz (siehe Abb. 4) befindet sich in einem separaten Arbeitszimmer, welches gemeinsam mit der Lebenspartnerin genutzt wird. Die Einrichtung des Arbeitsplatzes erfolgte unter Berücksichtigung der einschlägigen ergonomischen Gestaltungsempfehlungen, die durch die Online-Unterweisung vermittelt wurden.

Die Arbeit im „Homeoffice" erfolgt seit März 2020 in Vollzeit. Die Erfassung der Arbeitszeit geschieht wie bisher online durch Selbsteintragung. Der arbeitstägliche Ablauf ist verhältnismäßig klar strukturiert. Kann jedoch durch Rufbereitschaft bzw. Remote-Einsätze außerhalb des betrieblichen Arbeitszeitrahmens beeinflusst werden. Da der Arbeitszeitrahmen von 05:00 bis 23:00 Uhr ausgeweitet wurde, um Beschäftigten mit Kindern bzw. pflegebedürftigen Familienangehörigen im „Homeoffice" eine flexiblere Arbeitseinteilung zu ermöglichen, kann ein Zugriff auf Datenbanken zur Fehlerbehebung teilweise erst nach 23:00 Uhr erfolgen und beeinträchtigt dadurch den Tagesablauf.

Die Kommunikation mit Vorgesetzten und Kolleg*innen erfolgt komplett online unter Verwendung der verschiedenen Microsoft-Tools.

Störungen und Unterbrechungen bei der Arbeit hielten sich in Grenzen, erfolgten jedoch dann, wenn die Lebenspartnerin, die ebenfalls zuhause im gemeinsamen Arbeitszimmer arbeitete, auch an Video- oder Telefonkonferenzen teilnahm.

Hinsichtlich des Datenschutzes und der Datensicherheit ist eine umfangreiche Verpflichtungserklärung unterzeichnet worden.

Als positiv kann ein wesentlich konzentrierteres Arbeiten festgestellt werden, als es in einem Mehrpersonenbüro im Betrieb möglich ist. Darüber hinaus entfallen im „Homeoffice" eine ganze Reihe von Störungen und Unterbrechungen durch Anfragen aus anderen Betriebsbereichen, externen Stellen etc., die sich nun auf Wesentliches und Wichtiges beschränken.

Verbessert werden müsste das Kommunikationsverhalten. Erforderlich wäre eine eindeutige Vorgabe, auf welchen Kanälen die Kommunikation zu erfolgen hat.

Perspektivisch ist davon auszugehen, dass die Regelung „Flex-Office" auch in der „Nach-Corona-Zeit" erhalten bleibt.

Situationsbericht IV

Das Interview mit Frau K.* wurde außerhalb ihres Wohnumfeldes geführt, deshalb konnte die Arbeitssituation im „Homeoffice" nicht in Augenschein genommen werden. Sie wurde jedoch im Interview von ihr beschrieben.

Frau K. ist im Gesundheitswesen als Betriebsleiterin eines Gesundheitszentrums beschäftigt. Die derzeitige Verteilung der wöchentlichen Arbeitszeit – zwei Tage im „Homeoffice", drei Tage im Betrieb - hat sich „Corona-bedingt" ergeben. Das Arbeiten von zuhause ist aufgrund der Entfernung zwischen Wohnort und Arbeitsort bereits vorher im Gespräch gewesen – allerdings in einem geringeren Umfang (1 Tag/Woche).

Es besteht eine mündliche Absprache über diese Verteilung der Arbeitszeit. Kollektive Vereinbarungen über Telearbeit, „Mobile Arbeit" bzw. „Homeoffice" sind in dem Betrieb nicht getroffen worden.

Eine Gefährdungsbeurteilung im Sinne von § 5 Arbeitsschutzgesetz (ArbSchG) ist nicht erfolgt und eine Unterweisung gemäß § 12 ArbSchG hat nicht stattgefunden. Dieser Umstand ist im Wesentlichen auf die Leitungsfunktion von Frau K. zurückzuführen. Im Betrieb ist ungeklärt, wer für die Gefährdungsbeurteilung und die Unterweisung von Personen mit Leitungs- bzw. Führungsaufgaben zuständig ist.

Technische Arbeitsmittel (Laptop, Drucker, Scanner) sind betriebsseitig zur Verfügung gestellt worden. Zur Kommunikation mit dem Vorgesetzten und den Beschäftigten wird ein eigenes Smartphone verwendet, die „Betriebskosten" übernimmt der Betrieb.

Der Arbeitsplatz im „Homeoffice" wurde im Interview scherzhaft mit „Esstisch" beschrieben. Da die Erledigung der Arbeitsaufgaben von Frau K. keine „klassische" Bildschirmarbeit erfordert, wird die Arbeitssituation auch unter Berücksichtigung der Zeitanteile (2 Tage zuhause, 3 Tage im Betrieb) als erträglich empfunden. Falls diese Arbeitssituation perspektivisch fortgesetzt werden sollte, müsste der Arbeitsplatz ergonomischer gestaltet werden.

Die Arbeitszeit im „Homeoffice" wird nicht erfasst, die Erreichbarkeit ist nicht geregelt, wird jedoch zumindest im Rahmen der im Betrieb üblichen Arbeitszeit erwartet. Insofern ergibt sich ein Tagesablauf mit einer ähnlichen Struktur wie im Betrieb. Gleichwohl hat sich eine gewisse Zuordnung von Tätigkeiten ergeben, die einerseits eher im „Homeoffice" und andererseits besser im Betrieb erledigt werden können.

Die Kommunikation von zuhause aus erfolgt telefonisch oder per E-Mail – konzentriert sich im Wesentlichen aber auf die drei betrieblichen Arbeitstage.

Störungen und Unterbrechungen bei der Arbeit im „Homeoffice" halten sich in Grenzen und gehen, wenn überhaupt, vom Vorgesetzten aus, weil Klärungsbedarf hinsichtlich des Arbeitseinsatzes bzw. der Arbeitssituation von Beschäftigten besteht.

Eine grundsätzliche Kostenerstattung bzw. Kostenbeteiligung gibt es neben der Übernahme der „Betriebskosten" für das Smartphone nicht.

Regelungen über Datenschutz und Datensicherheit wurden nicht getroffen.

Die alternierende Arbeit im „Homeoffice" wird von Frau K. als positiv eingeschätzt. Einerseits, weil an zwei Tagen in der Woche der Arbeitsweg entfällt. Andererseits wegen der Möglichkeit, zuhause konzentrierter und strukturierter zu arbeiten und auch die Erledigung der Arbeitsaufgaben flexibler einteilen zu können. Deshalb wird derzeit auch kein Verbesserungsbedarf gesehen.

Perspektivisch soll diese Arbeitssituation – auch unabhängig vom weiteren Verlauf der Corona-Pandemie - beibehalten und gegebenenfalls der „Homeoffice"-Anteil ausgeweitet werden.

Situationsbericht V

Das Interview wurde mit Herrn S.* außerhalb seiner Wohnung geführt. Eine Inaugenscheinnahme seiner Arbeitsumgebung war deshalb nicht möglich. Herr S. arbeitet in der technischen Leitung eines Softwareunternehmens als Entwickler. „Corona-bedingt" arbeitet er faktisch in vollem Umfang im häuslichen Wohnumfeld (37,5 Std./Wo.). Allerdings ist die Arbeit im „Homeoffice" bereits vor der Corona-Pandemie im Unternehmen in Absprache im Team möglich gewesen.

Im Unternehmen bestehen entsprechende Vereinbarungen, und auch arbeitsvertraglich ist die Möglichkeit im „Homeoffice" zu arbeiten nicht ausgeschlossen.

Eine Gefährdungsbeurteilung unter Einbeziehung der häuslichen Arbeitssituation ist nicht erfolgt. Unterweisungen hinsichtlich des Arbeits- und Gesundheitsschutzes, der ergonomischen Gestaltung von Bildschirmarbeitsplätzen und des Datenschutzes wurden und werden unternehmensseitig in „Online-Versionen" angeboten, waren und sind aber nicht verpflichtend.

Die technische Ausstattung (Laptop, Bildschirm etc.) ist vom Arbeitgeber gestellt worden (inkl. Transport). Büromobiliar (Arbeitstisch, Bürostuhl etc.) allerdings nicht.

Die Arbeitszeit wird arbeitstäglich elektronisch erfasst. Im Grunde gilt die im Betrieb übliche Gleitzeitregelung. Insofern erhält der tägliche Ablauf im „Homeoffice" eine gewisse Struktur, bietet jedoch hinreichende Möglichkeiten für eine individuelle Gestaltung, die in Abstimmung mit der ebenfalls berufstätigen Lebenspartnerin auch erforderlich ist.

Die Kommunikation mit Kolleg*innen und Vorgesetzten erfolgt ganz überwiegend im Rahmen von Video-Konferenzen mittels MS Teams.

Störungen und Unterbrechungen bei der Arbeit im „Homeoffice" haben sich erheblich reduziert, seitdem die Kindertagesstätten ihren Regelbetrieb wieder aufgenommen haben. Wie bereits erwähnt, ist die Lebenspartnerin von Herrn S. ebenfalls berufstätig, kann allerdings nicht von zuhause aus arbeiten. Deshalb war (und ist) die Betreuung des ca. zweijährigen Kindes nicht nur zu organisieren, sondern auch tatsächlich zu realisieren.

Eine über die Gestellung der technischen Arbeitsmittel hinausgehende Erstattung von Kosten erfolgt nicht.

Hinsichtlich des Datenschutzes musste eine Verpflichtungserklärung zur Einhaltung der einschlägigen gesetzlichen Bestimmungen des Datenschutzes unterzeichnet werden. Allerdings erfüllt die verwendete Software hohe sicherheitstechnische Anforderungen (gesicherte Verbindungen, Sicherung gegen Diebstahl und Verlust technischer Geräte etc.).

Die persönliche Einschätzung zur Arbeit im „Homeoffice" ist ganz überwiegend positiv: Längere Fahrtzeiten, ob im ÖPNV oder mit dem privaten PKW, entfallen, ein wesentlich besserer familiärer Kontakt und eine bessere Organisation des täglichen Lebens werden ermöglicht. Die arbeitsvertraglich geschuldete Arbeit kann konzentrierter und in größerer Ruhe erledigt werden.

Allerdings sollte insbesondere die „Kommunikations-Software" für die Zusammenarbeit mehrerer Personen an einem gemeinsamen Projekt verbessert werden, um „Interaktion" zu ermöglichen.

Derzeit ist die arbeitgeberseitige Vorstellung zur perspektivischen Entwicklung der Arbeit im „Homeoffice" als offen einzuschätzen. Der persönliche Wunsch ist aber, überwiegend Arbeit von zuhause aus – mit einigen Präsenztagen im Betrieb.

Herr S. könnte sich für die nahe Zukunft vorstellen, dass eine nennenswerte Zunahme der Arbeit im „Homeoffice" zu einem geringeren Bedarf an Bürofläche in vielen Unternehmen führen wird. Die sich dadurch verringernden Kosten könnten dann teilweise für eine angemessene Ausstattung der „Homeoffices" der Beschäftigten zur Verfügung stehen, um eine ergonomische Gestaltung dieser Arbeitsplätze zu ermöglichen.

*Namen dem Verfasser bekannt

Erkennbare Entwicklungslinien

Die Situationsberichte sind keineswegs repräsentativ, weil es sich überwiegend um Tätigkeiten handelt, die ITK-basiert sind und sich inhaltlich im Wesentlichen mit „DV-Anwendungen" und „Kommunikation" beschäftigen. Dennoch weisen sie in wesentlichen Fragen Parallelen auf:

- In allen Fällen wird nicht von „Telearbeit", sondern von „Mobiler Arbeit", „Homeoffice", „Flex-Office", „Remote-Working" u. ä. gesprochen, als können diese Begriffe eine Befreiung von den arbeits- und gesundheitsschutzrechtlichen Verpflichtungen bewirken.

- In größeren Unternehmen mit nennenswerten Fortschritten hinsichtlich der „Digitalisierung" bzw. in Unternehmen, die die „Software-technischen" Voraussetzungen für „Digitalisierung" entwickeln, ist „Telearbeit" und „Homeoffice" in unterschiedlicher Ausprägung seit längerem Realität und es bestehen kollektive Vereinbarungen darüber. Ob diese ausgewogen sind und hinsichtlich des Arbeits- und Gesundheitsschutzes ausreichen, sei dahingestellt.

- Die unbedingt notwendige technische Ausrüstung für die Arbeit im „Homeoffice" wird zur Verfügung gestellt (sonst wäre diese Arbeitsform nicht zu realisieren!), die Einrichtung des Arbeitsplatzes mit entsprechendem Mobiliar wird allerdings den Beschäftigten überlassen. Kostenerstattungen (im geringfügigen Rahmen) sind die Ausnahme.

- Eine Gefährdungsbeurteilung gemäß § 5 ArbSchG unter Berücksichtigung des häuslichen Arbeitsumfeldes erfolgt nicht.

- Die Unterweisung gemäß § 12 ArbSchG wird allenfalls als Power-Point-Präsentation online angeboten. Insofern wird die Verantwortung für den Arbeits- und Gesundheitsschutz auf die Beschäftigten übertragen oder völlig ausgeblendet.

- Die Arbeitszeit gleicht in der Regel der betrieblichen Arbeitszeit. Dies hilft einerseits dabei, „Erreichbarkeit" zu gewährleisten, und andererseits dem Arbeitstag im häuslichen Umfeld eine „Struktur" zu geben. Die Erfassung der Arbeitszeit erfolgt überwiegend durch „Selbstaufschreibung".

- Die Belastung durch Störungen und Unterbrechungen wird im häuslichen Arbeitsumfeld nicht so stark empfunden, wie im Betrieb. Hierbei ist allerdings zu berücksichtigen, dass Gesichtspunkte wie räumlich enge Wohnverhältnisse, zu beaufsichtigende

Kinder, zu betreuende Familienangehörige etc. in den Situationsberichten kaum eine Rolle spielten.

- Die Verantwortung für den Datenschutz wird durch die Unterzeichnung entsprechender Verpflichtungserklärungen auf die Beschäftigten übertragen, obwohl die Einhaltung dieser Verpflichtungen in Abhängigkeit von der jeweiligen häuslichen Situation schwierig bis unmöglich ist und letztlich durch den Arbeitgeber zu gewährleisten ist.
- Große Übereinstimmung besteht allerdings hinsichtlich einer positiven Einschätzung der Arbeit im „Homeoffice". Hier werden eher die persönlichen Vorteile gesehen:
  - Der Arbeitsweg entfällt (ganz oder überwiegend).
  - Zugewinn an Autonomie bei der Einteilung und Organisation der Arbeit.
  - Bessere Abstimmung mit dem/der Lebenspartner/in und in der Familie.
  - Konzentrierteres und störungsfreieres Arbeiten möglich.
- Perspektivisch wird die Fortsetzung der Arbeit im „Homeoffice" gewünscht bzw. erwartet.

Die Aussagen der Situationsberichte bestätigen die Ergebnisse der bisherigen Umfragen und deuten darauf hin, dass die Arbeit im „Homeoffice" in einem nennenswerten Umfang als ein fester Bestandteil der künftigen Arbeitsformen aufrechterhalten wird. Insofern gewinnt die Frage einer angemessenen Gestaltung dieser Arbeitsform, sowohl in materieller als auch in ergonomischer Hinsicht an Bedeutung.

Exkurs: Coworking-Space/Mobile Arbeit in Hotels

„Coworking-Schub durch Corona

Die Corona-Pandemie hat einen Wandel in der Arbeitswelt angestoßen. Viele berufliche Tätigkeiten haben sich vom Büro an alternative Arbeitsorte verlagert. Wie die im Frühjahr 2020 geführten Interviews nahe legen verlieh dieser Wandel auch dem Coworking im ländlichen Raum zusätzlichen Auftrieb. Kurzfristig gesehen stellten Abstandsregeln und Kontaktverbote zwar eine Belastung für das Arbeitsmodell dar. Langfristig jedoch zeigten die Erfahrungen vieler Befragter, dass das Arbeiten an einem anderen Ort als dem Büro in vielen Berufsfeldern funktioniert und sich Präsenzzeiten und damit auch das Pendeln reduzieren lassen.

Coworking gibt Menschen die Möglichkeit, wohnortnah gut ausgestattete Arbeitsplätze zu nutzen, ohne täglich weite Pendelstrecken auf sich zu nehmen. Ländliche Regionen, die unter Abwanderung und Überalterung leiden, lassen sich durch den Zuzug junger Familien und die Modernisierung der Infrastruktur neu beleben. Unternehmen profitieren von einem größeren Einzugsgebiet für Fachkräfte. Nicht zuletzt kann Coworking eine Triebkraft für den Wandel hin zu einer nachhaltigen, klimafreundlichen und modernen Wirtschaftswelt sein."

Quelle: Bertelsmann Stiftung (Hrsg.); Coworking im ländlichen Raum

„Mobile Arbeit" ist heute für viele Menschen fester Bestandteil ihres Arbeitsumfeldes. Dank moderner mobiler Endgeräte ist es möglich, an nahezu jedem Ort zu arbeiten und sich weltweit zu vernetzen. Ein häufig genutzter Ort zum Arbeiten von unterwegs ist das Hotel.

Die Arbeitshaltung mit Notebook oder Tablet-PC auf dem Schoß ist für längeres Arbeiten nicht zu empfehlen. Diese Haltung begünstigt das Auftreten von Beschwerden des Bewegungsapparats, besonders im Schulter- und Nackenbereich und der Augen. Werden jedoch mobile Arbeitsplätze in Hotels unter Beachtung von Mindestanforderungen für Bildschirmtätigkeiten eingerichtet, ist auch hier ein ergonomisches Arbeiten möglich.

Basis für „Mobile Arbeit" in Hotels ist die Bereitstellung einer geeigneten Infrastruktur durch das Hotel. Hierzu gehören eine schnelle Internetverbindung über WLAN und ausreichende elektrische Anschlussmöglichkeiten für verschiedene Geräte, wie z. B. Notebook, Smartphone und Tablet. Idealerweise werden geräteunabhängige Lademöglichkeiten für die Elektrogeräte zur Verfügung gestellt, z. B. USB-Ports oder induktive Ladeschalen.

Informationen zu den durch das Hotel zur Verfügung gestellten Arbeitsmitteln, zu Anschlussmöglichkeiten über Kabel und zu kabellosen Verbindungsmöglichkeiten sowie zur ergonomischen Nutzung der Arbeitsmittel (z. B. Faltblatt VBG „Gesund arbeiten am PC") sollten durch das Hotel bereitgestellt werden.

Ausreichendes Tageslicht und eine Sichtverbindung nach außen sind auch für das Arbeiten im Hotel anzustreben. Sonnenschutz sollte eingesetzt werden, wenn die Sonneneinstrahlung blendet oder die Bildschirmanzeige stört. Günstig sind z. B. Lamellenvorhänge.

Somit haben Hotels die Möglichkeit, je nach den Bedürfnissen ihrer Gäste verschiedene Arbeitsplatzniveaus für „Mobile Arbeit" anzubieten. Dabei richtet sich die Ausstattung und Gestaltung der Arbeitsplätze nach der Dauer der Tätigkeit und der zu erledigenden Aufgaben.

Praktische Fragen bei der Umsetzung rechtlicher Erfordernisse

Die nach Artikel 13 Grundgesetz (GG) gewährleistete Unverletzlichkeit der Wohnung stellt eine hohe formalrechtliche Hürde für die Umsetzung der arbeits- und gesundheitsschutzrechtlichen Bestimmungen bei Telearbeit, „Mobiler Arbeit" bzw. „Homeoffice" dar und kann ohne konstruktive Beteiligung der Beschäftigten kaum überwunden werden. Das dies in den weitaus meisten Fällen dennoch gelingt bzw. gelingen wird, hängt in erster Linie damit zusammen, dass diese Arbeitsformen auch einige nicht zu unterschätzende Vorteile für die Beschäftigten haben können.

Wie im Kapitel Rechtliche Rahmenbedingungen für Telearbeit, „Mobile Arbeit" bzw. „Homeoffice" dargestellt, sind eine ganze Reihe gesetzlicher Vorgaben zu berücksichtigen. Deshalb ist zu empfehlen, in Betrieben mit Betriebsrat eine Betriebsvereinbarung über Telearbeit, „Mobile Arbeit" bzw. „Homeoffice" abzuschließen. Hinweise auf den Regelungsumfang einer solchen Betriebsvereinbarung werden weiter unten gegeben. Auf der Grundlage einer solchen Vereinbarung könnten dann die gegebenenfalls erforderlichen Ergänzungen der Einzelarbeitsverträge vorgenommen werden.

Die im Anhang beigefügte „Checkliste: Homeoffice-Arbeitsplätze" kann dabei helfen, einen ersten Eindruck vom Handlungs- bzw. Regelungsbedarf zu bekommen.

Eine wichtige rechtliche aber auch aus sachlichen Gründen erforderliche Voraussetzung für die ordnungsgemäße Einführung von „Mobiler Arbeit" bzw. „Homeoffice" ist die Durchführung einer Gefährdungsbeurteilung gemäß § 5 Arbeitsschutzgesetz. Sie bildet die Grundlage für alle weiteren Handlungsschritte.

Die Gefährdungsbeurteilung

Die Gefährdungsbeurteilung ist die systematische Ermittlung und Bewertung relevanter Gefährdungen und der psychischen Belastung der Beschäftigten mit dem Ziel, erforderliche Maßnahmen für Sicherheit und Gesundheit bei der Arbeit festzulegen. Unabhängig von der Branche, den Tätigkeiten und der Anzahl der Mitarbeiter ist jeder Betrieb verpflichtet, Gefährdungsbeurteilungen durchzuführen.

Die Gefährdungsbeurteilung ist als ein sich regelmäßig wiederholender Prozess zu verstehen. Die einzelnen Prozessschritte sind unstrittig. Wenn im Arbeits- und Gesundheitsschutz die Rede von Gefährdungsbeurteilung ist, ist immer der in der Abbildung 5 dargestellte Prozessablauf gemeint.

Die Gefährdungsbeurteilung ist das zentrale Steuerungselement im Arbeits- und Gesundheitsschutz.

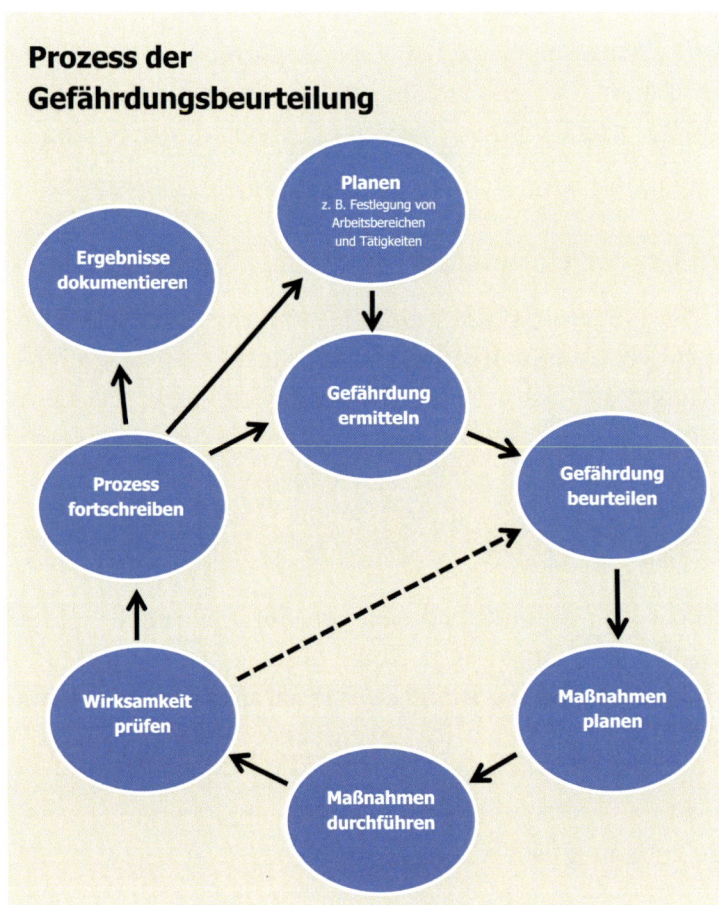

Abb. 5 Prozessablauf der Gefährdungsbeurteilung

Für „Telearbeit", „Mobile Arbeite" bzw. „Homeoffice" in der in dieser Schrift behandelten Form sind hinsichtlich der Gefährdungsbeurteilung im Wesentlichen die Grundsätze für die Beurteilung von Bildschirmarbeitsplätzen anzuwenden, ergänzt um eine Beurteilung der psychischen Belastung.

Die erforderlichen Hinweise und Informationen über die einzelnen Gefährdungsfaktoren können der DGUV Information 215-410 „Bildschirm- und Büroarbeitsplätze/Leitfaden für die

Gestaltung" und der Leitlinien „Beratung und Überwachung bei psychischer Belastung am Arbeitsplatz", Herausgeber: Nationale Arbeitsschutzkonferenz, entnommen werden.

Mögliche Gefährdungen können körperlicher oder psychischer Art sein und sich gegenseitig begünstigen.

Die <u>körperliche Belastung</u> am Bildschirmarbeitsplatz betrifft in erster Linie den Bewegungsapparat. Sie wird durch folgende Faktoren begünstigt:

- Ungünstige Körperhaltung;
- Einseitige Belastung;
- Unzureichende Arbeitsmittel;
- Unzureichende Arbeitsorganisation.

Betroffen sind besonders der Schulter-Arm-Bereich, die Halswirbelsäule und die Lendenwirbelsäule. Da der Bewegungsapparat eine lokale Belastung durch eine Reihe von Ausgleichsmaßnahmen kompensiert, können Beschwerden auch in anderen Körperregionen auftreten als dort, wo die Belastung einwirkt. Deshalb ist bei der Beurteilung der Beanspruchung eines Beschäftigten durch körperliche Belastung grundsätzlich der ganze Bewegungsapparat zu betrachten.

Eine vermehrte <u>Beanspruchung der Augen und des Sehvermögens</u> kann zum Beispiel auftreten durch:

- Ungünstige Arbeitsplatzgestaltung, z. B. ungenügende Möglichkeiten zum Blickwechsel;
- Ungünstige Lichtverhältnisse;
- Störende Blendung;
- Mangelhafte Zeichendarstellung;
- Unzureichende Korrektur des Sehvermögens.

Die angemessene, arbeitsplatzbezogene Untersuchung der Augen und des Sehvermögens im Rahmen einer arbeitsmedizinischen Vorsorge (Angebotsuntersuchung) nach der Arbeitsmedizinischen Regel AMR 14.1 „Angemessene Untersuchung der Augen und des Sehvermögens" und die gegebenenfalls hieraus resultierenden Maßnahmen sind deshalb für Beschäftigte bei „Mobiler Arbeit" bzw. „Homeoffice" von besonderer Bedeutung.

Zum besseren Verständnis der <u>psychischen Belastung</u> sind einheitliche Begriffsklärungen von psychischer Belastung und Beanspruchung erforderlich. Diese wurden in der DIN EN ISO 10075-1 vorgenommen. Hiernach wird psychische Belastung definiert als „die Gesamtheit aller erfassbaren Einflüsse, die von außen auf den Menschen zukommen und psychisch auf ihn einwirken".

Einfach erklärt, wirken auf den Beschäftigten Einflüsse aus der Arbeit ein, die dem Arbeitsinhalt/der Arbeitsaufgabe, der Arbeitsumgebung, der Arbeitsorganisation, den Arbeitsmitteln, den sozialen Beziehungen oder auch neuen Arbeitsformen entspringen können.

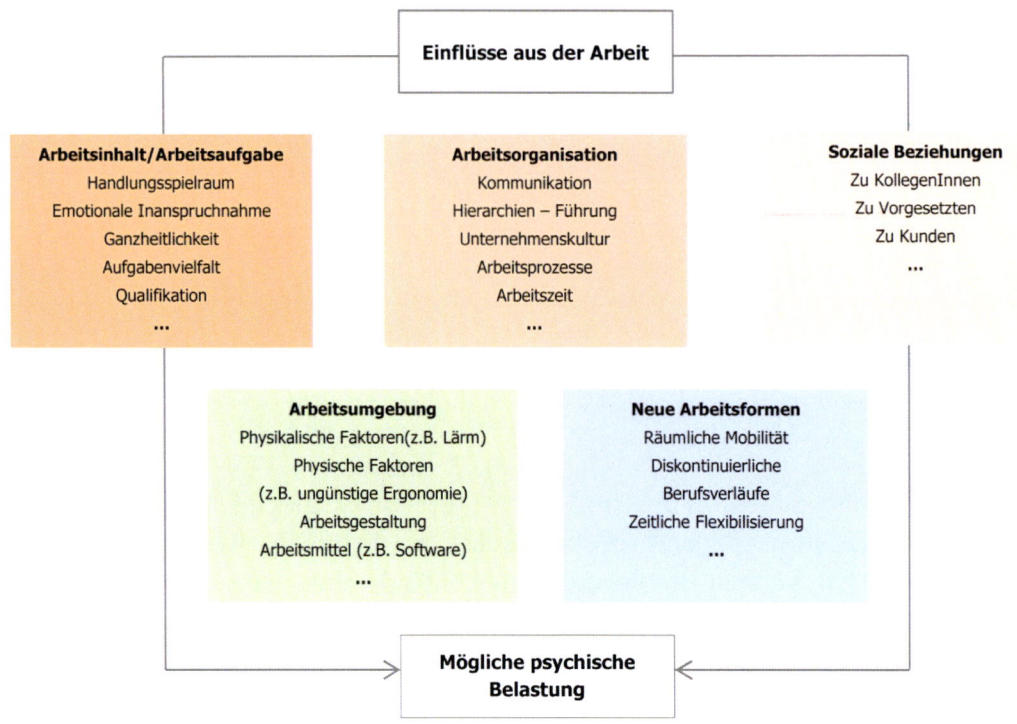

Abb. 6 „Einflüsse aus der Arbeit auf den Menschen und mögliche psychische Belastung"

Zwei Dinge werden aus Abbildung 6 deutlich. Zum einen die Abhängigkeiten der fünf Faktoren untereinander, das heißt auch Einwirkungen wie Lärm oder Klima, wirken nicht nur als physische, sondern auch als psychische Belastung. Zum anderen wird erkennbar, dass psychische Belastung nicht im Sinne negativer Einflüsse interpretiert werden darf. Psychische Belastung ist als Einflussgröße auf den Menschen neutral zu sehen.

Ein und dieselbe Belastung kann bei verschiedenen Personen zu unterschiedlicher Beanspruchung führen. Ob aus einer Belastung beeinträchtigende oder anregende Effekte resultieren, hängt auch von den Ressourcen ab, die einer Person zur Verfügung stehen. In diesem Zusammenhang ist das „erweiterte Belastungs- und Beanspruchungsmodell" zu verstehen.

Zu Zusammenhängen von psychischer Belastung und Beanspruchungsfolgen liegen umfassende arbeitswissenschaftliche Erkenntnisse vor.

Es lassen sich interne und externe Ressourcen unterscheiden, deren Wirkung auf Gesundheit und Leistungsfähigkeit wissenschaftlich belegt ist. Zu den internen Ressourcen zählen z. B. neben fachlichen Kompetenzen auch Motivation, Selbstwirksamkeitserwartung (= Vertrauen in die eigenen Fähigkeiten) und Bewältigungsstrategien. Zusätzlich beeinflussen personenspezifische Faktoren wie Alter, Geschlecht, die generelle körperliche und psychische Verfassung sowie Persönlichkeit und soziale Lebensbedingungen das Auftreten psychischer Beanspruchungsfolgen. Zu den externen Ressourcen zählen die betrieblichen Rahmenbedingungen – z. B. die soziale Unterstützung durch Kollegen und Vorgesetzte, oder Aspekte der Arbeitsorganisation wie z. B. der zur Verfügung stehende Handlungs- und Entscheidungsspielraum.

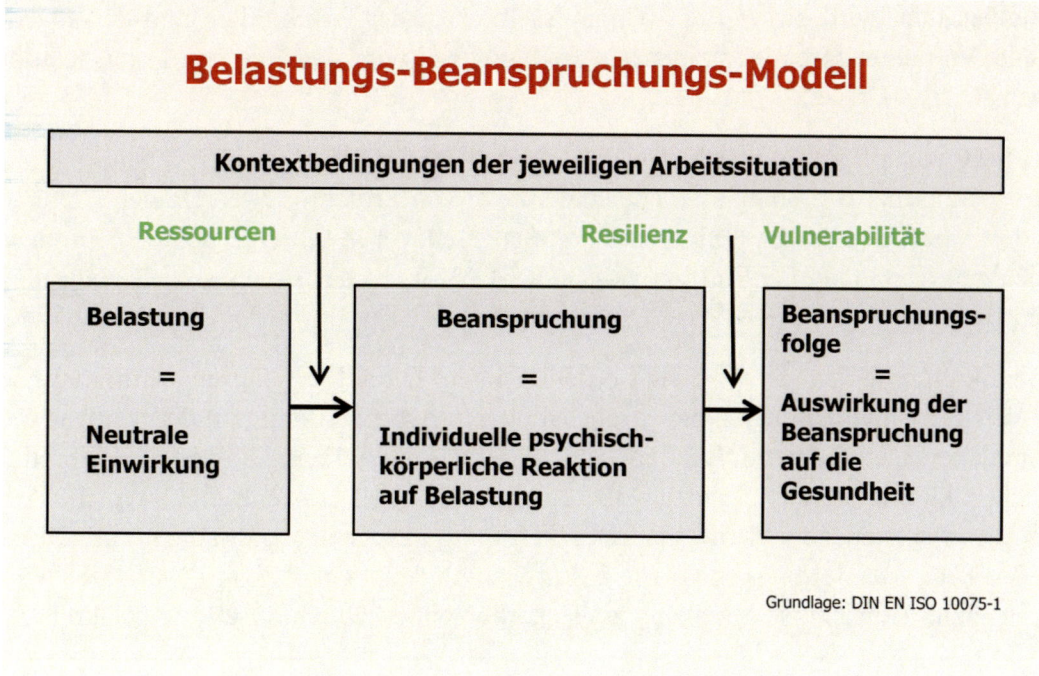

Abb. 7 „Belastungs-Beanspruchungs-Modell"

Erst das Zusammenwirken von Belastung und Ressourcen bestimmt die Beanspruchungsfolgen:

- Ist die Belastung gering und die Ressourcen sind groß, kann „Unterforderung" als gesundheitsbeeinträchtigende Beanspruchungsfolge auftreten.
- Ist die Belastung angemessen und die Ressourcen sind ausreichend, kann sich eine positive Empfindung hinsichtlich der Arbeitssituation einstellen.
- Ist die Belastung hoch und die Ressourcen sind gering, stellt sich „Überforderung" ein. Gesundheitliche Beeinträchtigungen werden die Folge sein, wenn diese Arbeitssituation über einen längeren Zeitraum erlebt wird.

Ein etwas erweiterter Ansatz bezieht auch die „Resilienz" und die „Vulnerabilität" mit ein. Unter „Resilienz" wird die Widerstandsfähigkeit des Menschen gegen negative äußere Einflüsse verstanden. Sie ist abhängig von seinen persönlichen Ressourcen und seiner individuellen Bewältigungsstrategie.

Das Resilienz-Konzept geht davon aus, dass die persönlichen, also die inneren Ressourcen gestärkt und verbessert werden können. Dies ist in Grenzen durchaus möglich. Zu beachten ist allerdings, dass Resilienz kein konstantes Persönlichkeitsmerkmal ist. Es kann zeitlich und situationsbedingt zu starken Schwankungen über die Dauer des Arbeitslebens kommen, die nur schwierig zu kompensieren sind.

Wichtige Erkenntnis ist: Die Verbesserung der individuellen Resilienz kann durchaus sinnvoll sein, hilft aber nicht dabei, extrem beanspruchende Arbeitssituationen über einen längeren Zeitraum aushalten zu können, ohne gesundheitlich Schaden zu nehmen! Resilienz trägt also dazu bei, die Belastung des Arbeitsalltags besser aushalten zu können. Im Gegensatz dazu bestimmt die Vulnerabilität darüber, bei welcher Belastung die Gesundheit Schaden nimmt.

Vulnerabilität (Verwundbarkeit, Verletzbarkeit) beschreibt in der Medizin die Anfälligkeit eines Menschen, an bestimmen Krankheiten zu erkranken. Da es hierbei meist um psychische

Krankheiten geht, wird dieser Begriff hauptsächlich in der Psychologie und der Psychiatrie verwendet. In den anderen medizinischen Fachgebieten wird dagegen von Prädisposition gesprochen.

Durch die Corona-Pandemie haben sich klassische Arbeitsbelastungen verstärkt und neue Formen psychischer Belastung sind entstanden. Der von Professor Nico Dragano, Uni-Klinik Düsseldorf, anlässlich des VDSI NRW Forums 2020 vorgestellte aktuelle Erkenntnisstand lässt sich aus Abbildung 8. „Einfluss von SARS-CoV-2 auf das psychosoziale Belastungsgeschehen" ableiten.

Der sozio-kulturelle Wandel wird sich beschleunigen. Die Globalisierung wird zumindest in dem Bereich der internationalen bzw. transnationalen Arbeitsteilung und der damit verbundenen komplexen Lieferketten tiefgreifende Veränderungen erfahren. Die reale Güterproduktion wird sich zukünftig stärker in einzelnen Regionen der Welt konzentrieren. Welche Auswirkungen dies für Branchen, Berufe und Beschäftigung in Deutschland haben wird, ist derzeit ungewiss. Klar ist allerdings, dass diese Entwicklung nicht nur positiv verlaufen wird. In psycho-sozialer Hinsicht ist Arbeitsplatzunsicherheit ein erheblicher Belastungsfaktor.

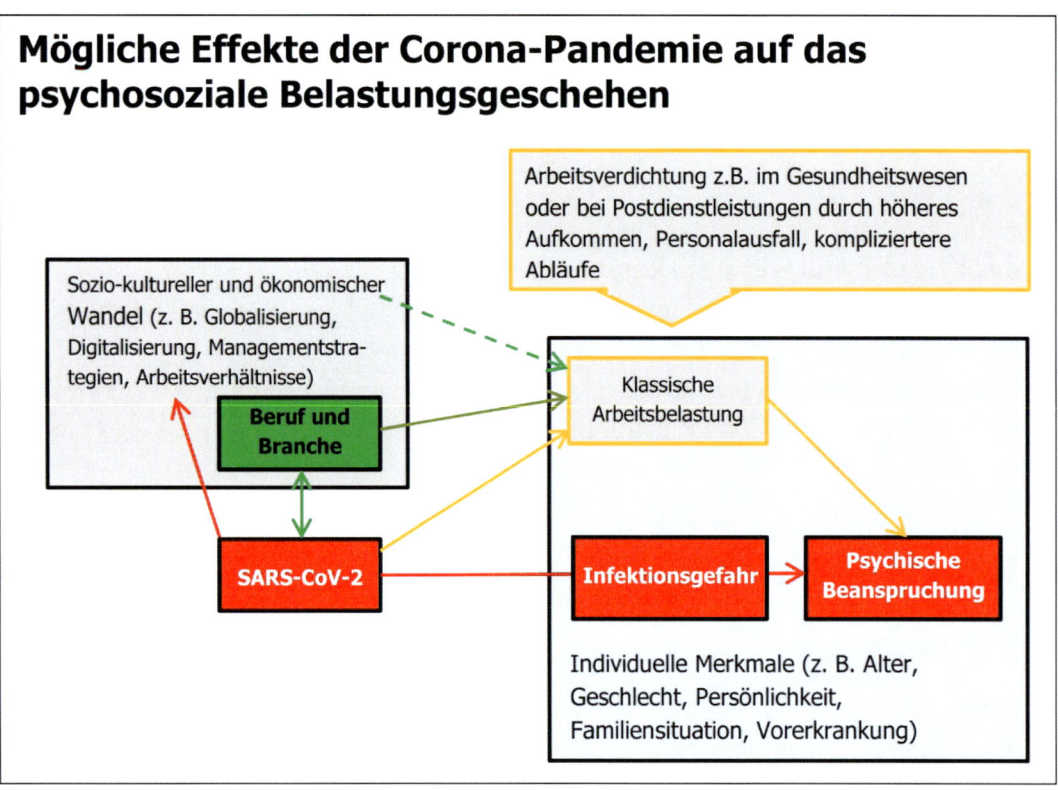

Abb. 8 Einfluss von SARS-CoV- 2 auf das psychosoziale Belastungsgeschehen; Quelle: Prof. N. Dragano, 2020

Die Digitalisierung hat seit Beginn der Corona-Pandemie eine erhebliche Beschleunigung erfahren. Die starke Zunahme der Tätigkeiten im „Homeoffice" hat nicht nur zu einer verstärkten Nachfrage nach DV-Ausstattung aller Art geführt, sondern auch eine Vielzahl von Menschen mit dem Umgang mit bisher unbekannter Software und internetbasierten Arbeitstechniken konfrontiert. Dies in einer Situation, in der technische Unterstützung, Einweisung und Qualifizierung unzureichend und eine stabile Internetverbindung nicht immer und überall gewährleistet ist. „Techno-Stress" – eine relativ neue, noch nicht vollständig untersuchte Belastungsform kann die Folge sein.

In der Studie „Gesund digital arbeiten?!" (Gimpel et al., 2019) wurden insgesamt zwölf verschiedene Belastungsfaktoren bei der Arbeit mit digitalen Medien und Technologien identifiziert. Bei den über 5.000 Befragten ergaben sich Leistungsüberwachung und eine Verletzung der Privatsphäre (Gläserne Person) als die am stärksten ausgeprägten Belastungsfaktoren der digitalen Arbeit. Mehr als jeder achte Befragte berichtete von stark bis sehr stark ausgeprägten Belastungsfaktoren bei der digitalen Arbeit, welche sich auf das Stressempfinden auswirken können.

Belastungsfaktor: Leistungsüberwachung (17 % der Befragten)

Aufgrund der technischen Möglichkeit, Leistungsdaten einfacher zu erfassen und damit zwischen Erwerbstätigen zu vergleichen, wird das Gefühl einer konstanten Überwachung und Bewertung ausgelöst. Dieses Gefühl tritt oft gemeinsam mit einem verschlechterten Gesundheitszustand als auch einer erhöhten Erschöpfung und emotionaler Irritation auf.

Belastungsfaktor: Gläserne Person (14 % der Befragten)

Das Gefühl der gläsernen Person entsteht durch das Bedenken, dass die Nutzung digitaler Technologien und Medien die Privatsphäre verletzt (Ayyagari et al., 2011). Dieses Gefühl geht oft mit erhöhter Erschöpfung und größerer emotionaler Irritation einher.

Exkurs: Transformation der Arbeit

Unter dem Begriff Transformationsproblem der Arbeit wird die Schwierigkeit verstanden, abstraktes im Menschen vorhandene Arbeitspotenzial optimal in eine tatsächliche, messbare und wirtschaftlich verwertbare Arbeitsleistung zu überführen. Arbeitsvertraglich wird lediglich geschuldet, in der vereinbarten Arbeitszeit für die Erledigung der vereinbarten Tätigkeit persönlich zur Verfügung zu stehen.

Konkret: Wie kann sichergestellt werden, dass in der bezahlten Arbeitszeit auch tatsächlich produktiv gearbeitet wird! Deshalb ist Kontrolle das wichtigste Instrument in diesem Transformationsprozess.

Kontrolle kann in unterschiedlicher Weise erfolgen:

- Technisch (Taktsteuerung bzw. Geschwindigkeit von Produktionsanlagen, Zeiterfassung etc.)
- Organisatorisch (Gruppen- bzw. Teamarbeit, Zielvereinbarungen, Leistungsentgelt etc.)
- Persönlich (Vorarbeiter*in, Teamleitung, Abteilungsleitung etc.)

Digitalisierung ermöglicht für eine Vielzahl von Tätigkeiten die beinahe lückenlose Kontrolle darüber, welche Arbeitsaufgaben durch wen, wann, wie lange, wo und in welcher Qualität erledigt worden sind.

Ergänzt durch entsprechende organisatorische Kontrollformen (Gruppen- bzw. Teamarbeit, Zielvereinbarungen, Videokonferenz u. ä.) wird die unmittelbare persönliche Form der Kontrolle (Vorarbeiter*in, Teamleitung u. ä.) nicht mehr erforderlich sein. Dies gilt für die Zusammenarbeit im Betrieb.

Präsenzarbeit funktioniert traditionell stark über Hierarchie und Kontrolle, die dezentrale, vernetzte Arbeit im „Homeoffice" hingegen verlangt viel mehr Engagement und Vertrauen. Gleichwohl ist bei Arbeit im „Homeoffice" die Leistung der einzelnen Beschäftigten oft leichter überprüfbar und kann so den individuellen Druck erhöhen.

Allerdings hat der Betriebsrat gemäß § 87 Abs. 1 Nr. 6 BetrVG ein erzwingbares Mitbestimmungsrecht in der Frage der „Leistungs- und/oder Verhaltenskontrolle". Dieses Mitbestimmungsrecht bezieht sich auf DV-gestützte Anwendungen und besteht unabhängig davon, ob der Arbeitgeber Leistungs- und/oder Verhaltenskontrolle auch tatsächlich beabsichtigt. Allein die technische Möglichkeit zur Erfassung bzw. Verarbeitung personenbezogener oder -beziehbarer Daten löst dieses Mitbestimmungsrecht aus.

<u>Wie soll die Gefährdungsbeurteilung an Arbeitsplätzen im „Homeoffice" erfolgen?</u>

In der betrieblichen Praxis werden sich zwei Fallgestaltungen ergeben:

1. Wenn der Arbeitgeber sich ein konditioniertes Zugangsrecht zum privaten Wohnumfeld der Beschäftigten für die Durchführung der Gefährdungsbeurteilung einräumen lassen hat, kann die Gefährdungsbeurteilung durch eine beauftragte und geeignete Person vor Ort erfolgen. Grundlage sollte die Checkliste bzw. Fragenliste sein, die auch im Betrieb für die Beurteilung von Büroarbeitsplätzen verwendet wird. Diese sollte um spezifische Besonderheiten ergänzt werden, die sich insbesondere dann ergeben können, wenn der Arbeitgeber den Arbeitsplatz im „Homeoffice" nicht vollständig einrichtet. Wenn private Geräte als Arbeitsmittel verwendet werden, ist Aufmerksamkeit bei der Gefährdungsbeurteilung geboten. Gemäß der Betriebssicherheitsverordnung (BetrSichV) muss die Nutzung sämtlicher Arbeitsmittel vom Arbeitgeber gestattet sein. Mit der Erlaubnis übernimmt der Arbeitgeber die Verantwortung dafür, dass die Arbeitsmittel den Anforderungen der BetrSichV genügen. D. h. vor ihrer Verwendung müsste eine Gefährdungsbeurteilung erfolgen, um die

- Gebrauchstauglichkeit einschließlich der ergonomischen, alters- und altersgerechten Gestaltung,
- die sicherheitsrelevanten einschließlich der ergonomischen Zusammenhänge zwischen Arbeitsplatz, Arbeitsmittel, Arbeitsverfahren, Arbeitsorganisation, Arbeitsablauf, Arbeitszeit und Arbeitsaufgabe
- sowie die physischen und psychischen Belastungen der Beschäftigten, die bei der Verwendung von Arbeitsmitteln auftreten,

festzustellen.

Diese Verpflichtung ergibt sich aus der Betriebssicherheitsverordnung. Gemäß § 5 Abs. 4 BetrSichV hat *der Arbeitgeber hat dafür zu sorgen, dass Beschäftigte nur die Arbeitsmittel verwenden, die er ihnen zur Verfügung gestellt hat oder deren Verwendung er ihnen ausdrücklich gestattet hat.*

Darüber hinaus ist die psychische Belastung unter Berücksichtigung der besonderen Gegebenheiten im „Homeoffice", (z. B. Störungen und Unterbrechungen durch andere Familienangehörige, ständige Erreichbarkeit, mangelnde Gebrauchstauglichkeit elektronischer Kommunikationsgeräte, störungsanfällige Internetverbindung, fehlender sozialer Kontakt zu Kolleg*innen etc.) zu ermitteln.

Dabei wird die Ermittlungsmethode (schriftliche Befragung, Analyse-Workshop) von der Anzahl der Beschäftigten, die im „Homeoffice" arbeiten, abhängen. Ist die Anzahl kleiner als 10 bis 15 Beschäftigte, wäre ein Analyse-Workshop die geeignete Methode, da eine schriftliche Befragung hinsichtlich der Anonymität schwer einzuhalten wäre. Bei 10 und mehr Beschäftigten könnte eine schriftliche Befragung durchgeführt werden.

2. Hat der Arbeitgeber – gleich aus welchem Grund - kein Zugangsrecht zum privaten Wohnumfeld der Beschäftigten, kann die Gefährdungsbeurteilung durch schriftliche Befragung mittels eines möglichst detaillierten Fragenkataloges erfolgen. Dieser Fragenkatalog muss allen Anforderungen, die an die Gefährdungsbeurteilung für Bildschirmarbeitsplätze gestellt werden, genügen. Darüber hinaus sollte verlangt werden, dass Fotos der häuslichen Arbeitssituation beigefügt werden.

Außerdem sollten die Beschäftigten eine Erklärung unterzeichnen, dass die Angaben den tatsächlichen Gegebenheiten entsprechen.

Diese Unterlagen dienen dem Nachweis, dass eine sachgerechte Gefährdungsbeurteilung erfolgt ist, und sind wesentlicher Bestandteil der Dokumentation gemäß § 6 ArbSchG.

Hinsichtlich der Ermittlung der psychischen Belastung ist die gleiche Verfahrensweise anzuwenden, die unter Ziffer 1. beschrieben wurde.

Wie sollten Arbeitsplätze im „Homeoffice" gestaltet sein?

Anfang November 2020 hat die Deutsche Gesetzliche Unfallversicherung (DGUV), Fachbereich Verwaltung die Informationsschrift FBVW-402 „Arbeiten im Homeoffice – nicht nur in der Zeit der SARS-CoV-2-Epidemie" veröffentlicht.

Zur Einordnung der Arbeit im „Homeoffice" in der aktuellen Situation wird in dieser Informationsschrift sinngemäß ausgeführt, dass die schnelle Umstellung DV-gestützter Büroarbeit auf das Arbeiten im häuslichen Wohnumfeld ein wesentlicher Beitrag zur Verminderung der Infektionsrisiken gewesen sei und in vielen Fällen die Einhaltung der Abstandregeln in Mehrpersonen-Büros erst ermöglicht hätte. Allerdings müsste bei einer länger anhaltenden oder gar dauerhaften Arbeit im „Homeoffice" eine Neubewertung der Arbeitssituation erfolgen.

Als Voraussetzungen für das Arbeiten im „Homeoffice" werden benannt:

- Elektronische Kommunikationsgeräte (Smartphone, Tablet, Notebook u. ä.), die überwiegend vom Arbeitgeber zur Verfügung gestellt worden sind bzw. werden. Kritisch wird angemerkt, dass Smartphone und Tablet für anspruchsvollere Arbeiten (z. B. ausführliche Beantwortung von E-Mails) ungeeignet sind. Auch Notebooks sollten über separate Tastatur, Maus und Bildschirm verfügen.
- Ein schneller und leistungsfähiger Internetzugang ist eine weitere wichtige Voraussetzung für einen Bildschirmarbeitsplatz im privaten Umfeld. Darüber hinaus sollten ausreichend Zugänge zum Netzwerk des Betriebes vorhanden sein.

Für die Gestaltung und Einrichtung eines mobilen Bildschirmarbeitsplatzes im „Homeoffice" wird die Orientierung an die Informationsschrift FBVW-401 „Mobiles Arbeiten in Hotels" der DGUV empfohlen.

Diese Informationsschrift unterscheidet drei Arbeitsplatzkategorien:

- Arbeitsplatz MINIMAL ist für kurzzeitige Tätigkeiten geeignet. Zu erledigende Aufgaben können z. B. sein:
  - Vor- und Nachbereitungen von Sitzungen, Besprechungen etc.
  - Beantwortung von E-Mails

- **Arbeitsplatz FUNKTIONAL** ist für bis zu halbtägigen Tätigkeiten geeignet. Zu erledigende Aufgaben können z. B. sein:
  - Erstellen von kleineren Präsentationen
  - Bearbeiten von Texten oder Tabellen
  - Erfassen von Kundenkontakt-Informationen
  - Beantwortung von E-Mails

- **Arbeitsplatz OPTIMAL** entspricht den Anforderungen und Empfehlungen an einen Arbeitsplatz im Büro. Er ist daher für ganztägige Tätigkeiten gegebenenfalls auch über mehrere Tage geeignet. Zu erledigende Aufgaben können z. B. sein:
  - Erstellen von umfangreichen Präsentationen
  - Verfassen von Texten
  - Erstellung umfangreicher Tabellen
  - Teilnahme an Videokonferenzen
  - Beantwortung von E-Mails

Kategorie	MINIMAL	FUNKTIONAL	OPTIMAL
Arbeitsfläche Schreibtisch	800 x 600 mm nicht höhenverstellbar Höhe 740 ± 20 mm	1200 x 800 mm nicht höhenverstellbar Höhe 740 ± 20 mm	1600 x 800 mm höhenverstellbar
Beinraumbreite	mindestens 600 mm	mindestens 850 mm	mindestens 850 mm empfohlen 1200 mm
Beinraumtiefe	600 mm	800 mm	800 mm
Arbeitsstuhl	Konferenzstuhl	Konferenzstuhl	Bürodrehstuhl mit entsprechenden Rollen
Freie Bewegungsfläche	800 x 800 mm	1200 x 800 mm	1600 x 1000
Beleuchtung	Ausleuchtung der Schreibtischfläche mit 500 Lux z. B. durch Tischleuchte, Wandleuchte, Möbelleuchte o. ä.	Ausleuchtung der Schreibtischfläche mit 500 Lux z. B. durch Tischleuchte, Wandleuchte, Möbelleuchte o. ä.	Ausleuchtung des gesamten Arbeitsbereichs (1600 x 1800) mit 500 Lux
Klima	Freie Lüftung und Wärmeregelung über Heizkörperthermostat	Freie Lüftung und Wärmeregelung über Heizkörperthermostat	Freie Lüftung und freie Regelung der Raumtemperatur z. B. durch raumlufttechnische Anlage

Akustik	Anforderungen wie an ein übliches Hotelzimmer	Anforderungen wie an ein übliches Hotelzimmer	Ruhiges Hotelzimmer, keine Störungen z. B. durch Aufzugsanlage, Treppenhaus, Verkehrslärm u. ä.

Unterschiedliche Anforderungen für die drei Arbeitsplatzkategorien MINIMAL, FUNKTIONAL und OPTIMAL, Quelle: DGUV, FBVW-401; 13.01.2020

Unabhängig davon, ob die Arbeitsstättenverordnung aus formalen Gründen anzuwenden ist oder nicht, gelten für Arbeitsplätze im Betrieb genauso wie für selbsteingerichtete (Bildschirm-)Arbeitsplätze im „Homeoffice" oder für die jeweilige Arbeitssituation bei „Mobiler Arbeit" die Grundsätze der Ergonomie. Auch die benötigten Arbeitsmittel wie Tisch, Stuhl, technische Geräte oder die Arbeitsumgebung (Platzbedarf, Klima, Beleuchtung, Lärm) sollten bei der Gefährdungsbeurteilung genauer betrachtet werden.

Kriterien für gesunde Bildschirmarbeit:

Beleuchtung

- angemessene Beleuchtungsstärke (min. 500 lx)
- Gleichmäßigkeit der Beleuchtung
- Vermeiden von Spiegelungen und Blendeffekten
- Vermeiden ungünstiger Schatten

Fenster und Lichtquellen sollten sich nicht spiegeln, und Tageslicht kommt am besten von der Seite, da Gegenlicht die Augen anstrengen kann.

Ergonomie

- individuell einstellbare hochwertige Drehstühle (mind. 5 Rollen, Sitzhöhe: 40–51 cm, Sitzfläche: vorne abgerundet, wasserdampfdurchlässig, gepolstert, Stoßdämpfung, dynamisches Sitzen: Dreh-, Neig-, Kippfunktion)
- angemessener Arbeitstisch (Tischbreite: 120 cm bei einem Bildschirm und wenig Unterlagen, mind. 160 cm bei zwei Bildschirmen; Tischtiefe: mind. 80 cm; Tischhöhe: 72 cm bei nicht höhenverstellbaren Tischen, 68–76 cm bei höhenverstellbaren Tischen; Oberfläche: matt)
- ausreichend Beinfreiheit
- jederzeit mögliche entspannte Körperhaltung, z. B. mithilfe einer Fußstütze

Um den Rücken zu schonen, sollte man die gesamte Sitzfläche des Stuhls nutzen, nicht nur die Stuhlkante. Ebenso empfiehlt sich, die Sitzposition und Haltung des Öfteren zu verändern. Ein ergonomischer Stuhl mit unterstützender Rückenlehne sowie Armlehnen erhöht den Sitzkomfort.

Da im „Homeoffice" in den wenigsten Fällen ein höhenverstellbarer Tisch vorhanden ist, sollte man vermehrt aufstehen und ein paar Schritte gehen. Während des Sitzens sollten die Schultern entspannt sein. Die Oberarme sind idealerweise locker und bilden mit den Unterarmen einen rechten Winkel, genauso wie die Ober- und Unterschenkel. Die Unterarme sollten waagerecht auf dem Tisch aufliegen und die Füße ganzflächig auf dem Boden stehen.

Monitore

- strahlungsarme Bildschirme mit CE- oder GS-Kennzeichnung
- Größe geeignet für die Durchführung der Aufgabe (keine Mindestmaße, hängt von der Aufgabe ab)
- Aufstellung (90° zum Fenster)
- flimmerfreie Darstellung, dreh- und kippbar
- korrekte Einstellung von Kontrast und Helligkeit
- ausreichender Sehabstand (50–80 cm)
- oberer Rand des Monitors nicht über Augenhöhe

Der Monitor sollte so ausgerichtet sein, dass man entspannt und leicht von oben auf ihn sehen kann. 50 bis 80 Zentimeter Sehabstand sollten eingehalten werden.

Sonstige Arbeitsmittel

- ergonomische Tastaturen, z. B. mit Handballenauflage (Tischfläche vor Tastatur:10–15 cm), Bauhöhe der Tastaturbuchstaben: max. 3 cm, gut lesbare Tastaturbeschriftung (helle Tasten – dunkle Beschriftung)
- Trennung von Tastatur und Bildschirm
- Greifraum der Maus: max. 30 cm ab Tischvorderkante
- Vorlagenhalter: stabil, neigbar und höhenverstellbar
- Ablageflächen für Dokumente in Griffnähe
- Möbeloberflächen ohne Glanz und störende Reflexionen

Raum

- angemessene Raumtemperatur, ausreichende Luftfeuchtigkeit
- keine störenden Luftbewegungen/Zugluft
- Vermeiden störender Geräuschquellen (Drucker, Kopierer, benachbarte Tätigkeiten)

Auch für die richtige Atmosphäre sollte man sorgen. Ein eigenes Arbeitszimmer eignet sich als „Homeoffice"-Arbeitsplatz am besten. Für frische Luft und Tageslicht sollte stets gesorgt werden. Als Lärmschutz eignen sich Teppiche, da sie Geräusche schlucken und gleichzeitig für eine Wohlfühlatmosphäre sorgen.

Unterweisung

Zu den Grundpflichten des Arbeitgebers gehört es, die Gefährdungen und Belastungen für die Beschäftigten zu ermitteln (§ 5 ArbSchG), Maßnahmen zu ihrer Beseitigung bzw. Abmilderung zu ergreifen (§ 3 i. Z. m. § 4 ArbSchG) und die Beschäftigten hinsichtlich der Vermeidung von bzw. des Umgangs mit Gefährdungen und Belastungen zu unterweisen (§ 12 ArbSchG). Die Unterweisung ist also ein wesentlicher Bestandteil des Arbeits- und Gesundheitsschutzes und bei Arbeiten außerhalb des Betriebes von besonderer Bedeutung. Sachgerechte und, je nach Bedarf, regelmäßige Unterweisung soll bewirken, dass Beschäftigte wissen, wie sie sich richtig zu verhalten haben, dass sie sich richtig verhalten können und auch richtig verhalten wollen, um ihren Arbeitsalltag auch im „Homeoffice" gesund und sicher zu gestalten.

§ 12 Arbeitsschutzgesetz schreibt vor, dass die Unterweisung vor Aufnahme der Tätigkeit zu erfolgen hat, an die Gefährdungsentwicklung anzupassen ist und erforderlichenfalls regelmäßig wiederholt werden muss.

Um den Besonderheiten der Arbeit im „Homeoffice" Rechnung zu tragen, sollte die Unterweisung mindestens die folgenden Themen behandeln:

- Arbeitszeiten und -pausen;
- die nötige Dokumentation der Arbeitszeit;
- ergonomische Arbeitsplatzgestaltung;
- Nutzung der Arbeitsmittel wie korrekter Bildschirmposition, separater Tastatur und Maus;
- Umgang mit Software-Problemen und Netzwerkstörungen, Hinweise auf betrieblichen Support;
- Datenschutz und Datensicherheit;
- richtige und wechselnde Sitzhaltung, Bewegungs- und Entspannungsübungen;
- Sozialversicherungsrechtliche Fragen, insbesondere zur Abgrenzung von betrieblich notwendiger Tätigkeit und „eigenwirtschaftlicher" Tätigkeit;
- Umgang mit psychischer Belastung und Hinweise auf betriebliche und externe Unterstützungsmöglichkeiten.

Die Unterweisung sollte als Präsenzveranstaltung im Betrieb durchgeführt werden – auch um deren Bedeutung zu unterstreichen. Abzuraten ist von online-Unterweisungen oder die Übersendung von Power-Point-Präsentationen zum Selbststudium.

Regelungsumfang einer Betriebsvereinbarung

Arbeitgeberverbände und Gewerkschaften sowie die weitaus meisten Arbeitsschutzexperten und Arbeitsrechtler stimmen darin überein, dass „Arbeiten von zuhause", gleich in welcher Form, einer adäquaten Vereinbarung bedarf. In Betrieben mit Betriebsrat sollte eine Betriebsvereinbarung die Grundlage für entsprechende Ergänzungen der Einzelarbeitsverträge von Beschäftigten, die „zuhause" arbeiten werden, bilden.

Die Betriebsvereinbarung sollte praktische und ausgewogene Regelungen zu den in dieser Schrift benannten Themenfeldern beinhalten. Dabei ist es unerheblich, wie diese Arbeitsform bezeichnet wird. Egal, ob „Telearbeit", „Flexible Office", „Remote Work", „Homeoffice" oder „Mobile Arbeit" – immer dann, wenn in einem nennenswerten Umfang arbeitsvertraglich geschuldete Arbeitsleistung im privaten Wohnumfeld erfolgen soll, ergibt sich ein erheblicher Regelungsbedarf. Es ist zu empfehlen, mindestens folgende Themenfelder zu regeln:

<u>Zustandekommen der individuellen Vereinbarungen über Arbeit im „Homeoffice"</u>

Bei der Frage „Wie ergibt es sich, dass Beschäftigte in einem (bestehenden) Arbeitsverhältnis nicht mehr an ihrem Arbeitsplatz im Betrieb, sondern ganz oder teilweise zuhause arbeiten (sollen bzw. wollen)?" sind zwei unterschiedliche Ausgangssituationen zu betrachten, die die gegensätzliche Interessenlage von Arbeitgebern und Beschäftigten in all ihren Facetten widerspiegeln.

Aus Arbeitgebersicht ist „Arbeiten von zuhause" immer dann interessant, wenn sich Vorteile ergeben – ganz überwiegend „Kostenvorteile". Dabei werden in der Regel die Nachteile gegengerechnet. Wesentlicher Nachteil ist hier der „Kontrollverlust". Es wird befürchtet, dass Beschäftigte in ihrem häuslichen Umfeld weniger produktiv sind und nachlässiger arbeiten. Obwohl die bisherigen Erfahrungen mindestens die gleiche, wenn nicht gar eine höhere Produktivität der „Heimarbeiter*innen" bestätigen, hat sich in einigen Betrieben das Misstrauen gegen „unbeaufsichtigte" Beschäftigte unverändert erhalten. Dieser Umstand verwundert immer wieder, weil mehr als 100 Jahre sozialwissenschaftlicher und betriebssoziologischer Forschung das genaue Gegenteil belegen: Beschäftigte, die bei der Erledigung ihrer Arbeitsaufgabe einen eigenen Gestaltungs- und Handlungsspielraum haben, sind kreativer, leistungsfähiger und produktiver. Anders als Beschäftigte, die durch „Kontrolle" in der Ausführung ihrer Arbeitsaufgabe gehemmt und durch enge Vorgaben ihrer Kreativität beraubt werden.

Aus der Sicht der Beschäftigten ist „Arbeiten von zuhause" dann interessant, wenn die „Work-Life-Balance" unter den Bedingungen der Lebenswirklichkeit, (alleinerziehend mit Kleinkind(ern), extrem langer Arbeitsweg, Pflege von Angehörigen etc.), auch nur annähernd verbessert werden kann. Perspektivisch wird Arbeit im „Homeoffice" als erster und vielleicht wichtigster Schritt betrachtet, das Leben nicht mehr um die Arbeit herum zu organisieren – sondern die Arbeit um das Leben. Dies erklärt vielleicht die hohe Bereitschaft, auf angemessene Ausstattung mit Arbeitsmitteln oder Kostenerstattung zu verzichten.

Abb. 9 Work-Life-Balance

In der Betriebsvereinbarung sollte sichergestellt werden, dass Arbeit im „Homeoffice" nicht vom Arbeitgeber einseitig angeordnet werden kann. Ohne Beteiligung des Betriebsrats wäre das auch gar nicht möglich. § 95 Abs. 3 BetrVG definiert den Begriff der „Versetzung": Zuweisung eines anderen Arbeitsbereichs, die voraussichtlich die Dauer von einem Monat überschreitet oder die mit einer erheblichen Änderung der Umstände verbunden ist, unter denen die Arbeit zu leisten ist.

Immer wenn dieser Tatbestand vorliegt, ist gemäß § 99 BetrVG die Zustimmung des Betriebsrates zu dieser personellen Maßnahme einzuholen.

Überhaupt sollte die Verfahrensweise geregelt werden, wie die Vereinbarung über Arbeiten im „Homeoffice" zustande kommt – unabhängig davon, ob die Initiative vom Arbeitgeber oder von den Beschäftigten ausgeht. Für den Fall, dass Meinungsverschiedenheiten über das Zustandekommen einer Vereinbarung auftreten, sollte auf den weiter unten beschriebenen Konfliktklärungsmechanismus verwiesen werden.

Ansonsten müsste in der Betriebsvereinbarung geregelt werden, welche Tätigkeiten in Frage kommen und was gegebenenfalls verändert werden müsste, um Tätigkeiten „Homeoffice-fähig" zu machen.

Gefährdungsbeurteilung

Auch für die Arbeitsplätze im privaten Wohnumfeld, an denen ganz oder teilweise arbeitsvertraglich geschuldete Arbeit geleistet wird, besteht die gesetzliche Verpflichtung des Arbeitgebers zur Durchführung einer Gefährdungsbeurteilung (§ 5 ArbSchG). Diese kann, wie bereits ausgeführt, durch eine beauftragte Person „vor Ort" oder durch eine detaillierte Befragung anhand eines entsprechenden Fragebogens erfolgen.

Aus der Gefährdungsbeurteilung kann dann abgeleitet werden, ob, und wenn ja, welche Maßnahmen des Arbeits- und Gesundheitsschutzes erforderlich sind, damit Beschäftigte ohne gesundheitliche Beeinträchtigungen von zuhause aus arbeiten können. Die „erforderlichen Maßnahmen" hat der Arbeitgeber zu treffen (§ 3 Abs. 1 ArbSchG). Praktisch bedeutet dies, dass nicht nur die Arbeitsmittel im engeren Sinne (Laptop, Tastatur, Bildschirm, Headset etc.), sondern auch Arbeitstisch, Bürostuhl, Beleuchtung etc. ergonomischen Ansprüchen genügen müssen.

Insofern ist eine Regelung über die verbindliche Durchführung einer Gefährdungsbeurteilung, verbunden mit konkreten Verfahrensweisen (Begutachtung des „Homeoffice"-Arbeitsplatzes durch Beauftragten oder schriftliche Befragung) und Ermittlungsmethoden (Checkliste, Fragebogen) von zentraler Bedeutung für einen halbwegs wirksamen Gesundheitsschutz für Beschäftigte im „Homeoffice".

Unterweisung der Beschäftigten § 12 ArbSchG

Form und Inhalt der Unterweisung sowie die Person(en), die unterweisen soll(en), sollten in der Betriebsvereinbarung geregelt bzw. benannt werden. Wie bereits erwähnt ist einer Präsenzveranstaltung der Vorrang einzuräumen.

Art und Umfang von Handreichungen mit weitergehenden Informationen (z. B. Kopien der Betriebsvereinbarung, der Arbeitszeitregelung, Merkblätter bzw. Präsentationen über die ergonomische Gestaltung von Bildschirmarbeitsplätzen oder Datenschutz und Datensicherheit) sollten ebenfalls in der Betriebsvereinbarung geregelt werden.

Prüfung der Voraussetzungen und Einrichtung des Arbeitsplatzes

Anhand der jeweiligen Gefährdungsbeurteilung kann festgestellt werden, ob die Voraussetzungen für die Arbeit im „Homeoffice" erfüllt sind und welche Gesichtspunkte bei der Einrichtung des Arbeitsplatzes zu berücksichtigen sind.

Erforderlich wäre die arbeitgeberseitige Unterstützung bei der Büroausstattung (Bürostuhl, Arbeitstisch, Beleuchtungsmittel etc.).

In der Betriebsvereinbarung sollte die Bildung eines die Mitbestimmung des Betriebsrats wahrenden Arbeitszusammenhanges (z. B. paritätische Kommission) von Arbeitgeber und Betriebsrat geregelt werden, um Meinungsverschiedenheiten schnell klären zu können.

Mitwirkungsverpflichtung der Beschäftigten

Die §§ 15 und 16 ArbSchG benennen allgemeine Pflichten und besondere Unterstützungspflichten der Beschäftigten, weil sie für ihre Sicherheit und Gesundheit bei der Arbeit – im Rahmen ihrer Möglichkeiten - auch selbst Sorge zu tragen haben. Die Arbeit im „Homeoffice" stellt erhöhte Anforderungen an die besondere Unterstützungspflicht, weil das private Wohnumfeld grundgesetzlich geschützt ist und der Arbeitgeber sich deshalb auf die Kooperationsbereitschaft der Beschäftigten verlassen muss.

In der Betriebsvereinbarung sollte deshalb konkretisiert werden, worin diese Mitwirkungspflicht im Einzelnen besteht, z. B. Gewährung eines konditionierten Zugangsrechts, sachgerechte Beantwortung schriftlicher Fragen etc.

Zutrittsnotwendigkeit des Arbeitgeberverantwortlichen

Eine sachgerechte Gefährdungsbeurteilung erfordert in der Regel, dass eine hinreichend sachkundige Person die zu beurteilende Arbeitssituation in Augenschein nimmt, anhand einer Checkliste prüft, ob alle relevanten Gefährdungs- bzw. Belastungsmerkmale in die Beurteilung einbezogen werden, und die/den Beschäftigte(n) befragt, ob weitere Gefährdungen/Belastungen bestehen bzw. empfunden werden.

Für eine solche Gefährdungsbeurteilung ist das ausdrückliche Einverständnis des/der jeweiligen Beschäftigten erforderlich.

Aus dieser Konstellation lassen sich drei Szenarien ableiten:

- Beschäftigte sind mit einer „Inaugenscheinnahme" ihres „Homeoffice"-Arbeitsplatzes einverstanden. Es erfolgt eine ordnungsgemäße Gefährdungsbeurteilung und gegebenenfalls werden Maßnahmen des Arbeits- und Gesundheitsschutzes getroffen.
  Besser wäre, wenn das Einverständnis der Beschäftigten auf eigene „Einsicht in die Notwendigkeit" beruhen würde und nicht als zwingende Voraussetzung für die Möglichkeit im „Homeoffice" zu arbeiten, erfüllt werden muss.
- Die Gefährdungsbeurteilung erfolgt durch schriftliche Befragung anhand eines detaillierten Fragebogens, verbunden mit der Verpflichtung, Fotos der Arbeitssituation beizufügen und eine Erklärung über die Richtigkeit der Angaben abzugeben.
  Hier besteht die Gefahr, dass Beschäftigte – wenn sie „Homeoffice" wollen – dazu verleitet werden, die Arbeitssituation zu "beschönigen", und damit ein arbeitsrechtlich relevantes Problem schaffen könnten.
- Die Frage der Gefährdungsbeurteilung wird nicht gestellt, weil der argumentative „Kurzschluss" erfolgt: Privates Wohnumfeld = grundgesetzlich geschützter Bereich = geht mich als Arbeitgeber nichts an.

  Eine Gefährdungsbeurteilung unterbleibt, die Arbeitssituation bleibt unverändert, d. h., alle die Gesundheit beeinträchtigenden Bedingungen bleiben bestehen.

Zu empfehlen ist also, ein konditioniertes Zugangsrecht für eine vom Arbeitgeber beauftragte Person zum Zwecke der Gefährdungsbeurteilung zu regeln. Der Zugang hat innerhalb der betriebsüblichen Arbeitszeit zu erfolgen und ist rechtzeitig vorher mit den Beschäftigten abzustimmen.

Arbeitsorganisation

Die Beschäftigten, die von zuhause aus arbeiten, sind natürlich nach wie vor in die betrieblichen Arbeitsstrukturen eingebunden und damit integraler Teil der Belegschaft. Die Teilnahme an Besprechungen, Weiterbildungen, Betriebsversammlungen etc. ist zu gewährleisten, ebenso der Empfang betrieblicher Informationen.

Insbesondere bei alternierender bzw. temporärer Arbeit im „Homeoffice" sollte der betriebliche Arbeitsplatz weiterhin vorgehalten werden, weil sonst der Anspruch auf „Homeoffice" eine Entweder-Oder-Entscheidung bedeuten würde.

Die Aufrechterhaltung der Kommunikation ist von besonderer Bedeutung, wenn vieles nur noch digital läuft. Grundsätzlich sollte Wert darauf gelegt werden, dass Face-to-Face-Kommunikation zum Standard wird. Dabei ist zu beachten, dass einschlägige Videokonferenztools (z. B. Microsoft Teams, Zoom) in datenschutzrechtlicher Hinsicht bedenklich sind. Besser wäre eine Nutzung von Whereby (Norwegen – die EWR/DSGVO gilt auch in Norwegen) oder Wire (Schweiz - anerkanntes Datenschutzniveau). Wichtig ist, es wird von Angesicht zu Angesicht gesprochen. Dies hilft nicht nur, Missverständnisse zu vermeiden, sondern ist auch besser dazu geeignet, persönliche Beziehungen zu Arbeitskolleg*innen aufrechtzuerhalten und damit dem Gefühl der „Isolation" entgegenzuwirken.

Aber auch soziale Kontakte zu Kolleg*innen, mit denen eine regelmäßige Kommunikation aus arbeitstechnischer Sicht nicht erforderlich ist, sind wichtig. Was man sich vorher im Büro mal eben zugerufen oder im Flur oder in der Kantine besprochen hat, sollte vom Schreibtisch daheim auch ermöglicht werden. Messenger-Tools (z. B. Threema; ein freier Ende-zu-Ende-verschlüsselter Schweizer Instant-Messaging-Dienst) ermöglichen einen schnellen Austausch mit Kolleg*innen. Die Einrichtung entsprechender IT-Infrastruktur ist sinnvoll, wenn eine nennenswerte Zahl von Beschäftigten im „Homeoffice" arbeitet, weil so das Gefühl, zu einer „betrieblichen Gemeinschaft" zu gehören, aufrechterhalten werden kann, obwohl eine regelmäßige Begegnung im Betrieb nicht mehr erfolgt.

Arbeitszeit und Erreichbarkeit

Die Bestimmungen des Arbeitszeitgesetzes sind einzuhalten. Probleme könnten sich insbesondere bei den Regelungen über die 8-stündige tägliche Höchstarbeitszeit (§ 3 ArbZG), die Ruhepausen (§ 4 ArbZG) und die Ruhezeit (§ 5 ArbZG) ergeben. Vor allem dann, wenn im „Homeoffice" nicht die Arbeitszeitregelung des Betriebes gelten soll, um den Beschäftigten eigene Gestaltungsspielräume zu eröffnen.

Auf alle Fälle ist die Arbeitszeit auch bei Arbeit im „Homeoffice" zu erfassen. Hinsichtlich der bereits zitierten Rechtsprechung ist fraglich, ob „Selbstaufschreibung" ausreicht.

Eine Betriebsvereinbarung könnte unter anderem die folgenden Punkte enthalten, um die Einhaltung des Arbeitszeitgesetzes zu erleichtern:

- Für die Erreichbarkeit wird eine Kernarbeitszeit definiert.
- Mehrarbeit im „Homeoffice" wird ausgeschlossen.
- Alternierende Arbeit im „Homeoffice" wird nur für volle Arbeitstage vereinbart.
- Die Vertretung bei Urlaub und Krankheit wird geregelt.

Darüber hinaus sollten verbindliche Hinweise auf die Bedeutung der Einhaltung der Arbeitszeitregelungen, insbesondere auf die tägliche Höchstarbeitszeit und die Pausen- und Ruhezeiten, gegeben werden.

Datenschutz

Durch Arbeit im „Homeoffice" wird ein Teil der Verantwortung für die Einhaltung der datenschutzrechtlichen Bestimmungen auf die Beschäftigten übertragen. Im Einzelnen sind folgende Regeln zu beachten:

- Auch im „Homeoffice" ist auf den Schutz personenbezogener Daten zu achten.
  Für den Umgang mit personenbezogenen Daten gelten auch am Arbeitsplatz daheim keine anderen Regeln als im Unternehmen. Die Daten werden nicht anders als im Unternehmen verarbeitet.
- Daten und Datenträger sind vor unbefugtem Zugriff zu schützen.
  Mit Datenträgern wird zuhause nicht anders als im Büro gearbeitet: Wegschließen, wenn sie nicht benötigt werden. Computer sperren, wenn der Arbeitsplatz verlassen wird.
- Dafür sorgen, dass Vertrauliches vertraulich bleibt.
  Gespräche oder Telefonate werden so geführt, dass Unbefugte nicht mithören können.
- Auch bei Videokonferenzen ist das Persönlichkeitsrecht zu achten.
  Nutzung der Videofunktion, wenn die Beteiligten damit einverstanden sind. Auch darauf achten, dass die Persönlichkeitsrechte von im Haushalt lebenden Personen gewahrt werden. Nur die Arbeitsmittel nutzen, die der Arbeitgeber zur Verfügung gestellt hat.
- Nur mit den Geräten arbeiten, die vom Unternehmen zur Verfügung gestellt wurden.
  Keine privaten Computer, Tablets, Software und Drucker nutzen. Wenn etwas Besonderes für die Arbeit benötigt wird: vorherige Abstimmung mit dem Vorgesetzten, der IT-Abteilung und ggf. dem Datenschutzbeauftragten
  (BYOD-Regelungen sind aus datenschutzrechtlichen Gründen äußerst problematisch und deshalb abzulehnen; kann allenfalls eine Übergangslösung sein).
- Niemandem die Arbeitsmittel überlassen, die der Arbeitgeber zur Verfügung gestellt hat.
- Darauf achten, dass Systeme, Programme und Schutzeinrichtungen aktuell sind.
  Anstehende Aktualisierungen und Updates durchführen. Außerdem nur die Datenverbindungen nutzen, die vom Unternehmen zur Verfügung stehen, sprich: die VPN-Software zur Anmeldung am Unternehmensnetzwerk.
- Starke Passwörter verwenden, diese sicher aufbewahren und nicht weitergeben.
  Passwörter grundsätzlich in einem verschlüsselten Passwortmanager ablegen.
- Schutzwürdiges nicht über den Müll entsorgen.
  Egal ob Unterlagen in Papierform oder Datenträger wie ein defekter USB-Stick, alles, was schutzwürdig ist, nur im Unternehmen entsorgen.
- Angriffe, Verstöße, Pannen und Ungereimtheiten sofort melden.
  Wird ein Angriff festgestellt, kommt es zu einer Panne oder werden Ungereimtheiten im Zusammenhang mit personenbezogenen Daten festgestellt, ist dies sofort der IT-Hotline oder dem Datenschutzbeauftragten zu melden, da in der Regel schnell gehandelt werden muss, um Schaden zu vermeiden oder zu begrenzen.

Form und Inhalt von „Verpflichtungserklärungen" und eventuellen Ergänzungs- bzw. Zusatzvereinbarungen zu Arbeitsverträgen sollten in der Betriebsvereinbarung geregelt werden.

Kostenpauschale

Bei der Arbeit im „Homeoffice" entstehen zusätzliche Kosten für die Beschäftigten: Z. B. erhöhter Stromverbrauch, gegebenenfalls höhere Kosten für Telefon- bzw. Internetnutzung, höhere Heizkosten. Diese Kosten sollten z. B. durch Vereinbarung eines monatlichen Pauschalbetrages ausgeglichen werden.

Haftungs- und Versicherungsfragen

Arbeiten im „Homeoffice" schafft Haftungsrisiken für Beschäftigte. Insbesondere in Fällen, in denen Arbeitgeber die Arbeitsmittel zur Verfügung stellen und im privaten Wohnumfeld mehrere Personen leben. Dadurch können sich Möglichkeiten ergeben, dass diese Arbeitsmittel – die nach wie vor Eigentum des Arbeitgebers sind – zweckentfremdet oder beschädigt werden. Da sich derartige Vorgänge im häuslichen Umfeld des Beschäftigten ereignen, könnte es schwierig werden, den Grad der Fahrlässigkeit bzw. des Verschuldens des Beschäftigten festzustellen. Dies ist jedoch die Grundlage der sogenannten Arbeitnehmerhaftung. Der Grad der Fahrlässigkeit bzw. des Verschuldens entscheidet darüber, in welchem Umfang Beschäftigte sich am „Schadensersatz" zu beteiligen haben.

Insofern wäre zu prüfen, ob derartige Risiken (deren Häufigkeit gering sein dürfte) in die „Betriebshaftpflichtversicherung" aufgenommen werden können.

Für Beschäftigte kann sich ein Problem hinsichtlich der Hausratsversicherung ergeben, wenn der Arbeitgeber Arbeitsmittel von beträchtlichem Wert zur Verfügung stellt und sich dadurch die Frage der „Unterversicherung" stellen könnte. Zur Vermeidung wäre eine Verständigung mit der jeweiligen Versicherung erforderlich, mit dem Ziel, die arbeitgeberseitig zur Verfügung gestellten Gegenstände aus dem Versicherungsumfang herauszunehmen. Hilfreich dabei wäre eine entsprechende Bescheinigung des Arbeitgebers. Die Ausstellung einer derartigen Bescheinigung müsste in der Betriebsvereinbarung geregelt werden.

Meldung von Arbeitsunfällen

In der Betriebsvereinbarung sollte der „Meldeweg" (Wer muss informiert werden, z. B. direkter Vorgesetzter, Fachkraft für Arbeitssicherheit) für Arbeitsunfälle im häuslichen Wohnumfeld geregelt werden, damit zeitnah geprüft werden kann, ob ein versicherter Arbeitsunfall vorliegt und entsprechende Maßnahmen eingeleitet werden können. Gleiches gilt für Unfälle auf dem Weg zwischen Wohnung und Betrieb.

Rückkehrmöglichkeit der Beschäftigten an den Arbeitsplatz im Betrieb

Eine Rückkehr Beschäftigter an ihren Arbeitsplatz im Betrieb sollte ohne weitere Begründung ermöglicht werden. Besonders dann, wenn sie sich im „Homeoffice" überlastet fühlen, die Arbeitssituation eine angemessene, ergonomische Gestaltung nicht zulässt oder der Arbeitgeber erforderliche Arbeitsmittel nicht zur Verfügung stellt.

Die Entscheidung für eine Rückkehr an den betrieblichen Arbeitsplatz darf nicht dazu führen, dass Arbeit im „Homeoffice" zu einem späteren Zeitpunkt durch den Arbeitgeber ausgeschlossen bzw. abgelehnt werden kann.

Beendigung durch den Arbeitgeber

Beschäftigte sollten weitgehend vor einseitigen und kurzfristigen Entscheidungen des Arbeitgebers über die Beendigung der Arbeit im „Homeoffice" geschützt werden, denn auch sie benötigen Planungssicherheit. Grundsätzlich sind dabei die zwei Fallgestaltungen – alternierend, also Wechsel zwischen häuslichem und betrieblichem Arbeitsplatz, oder vollständig, nur am häuslichen Arbeitsplatz – zu unterscheiden.

Bei alternierender Arbeit im „Homeoffice" ist zumindest eine kurzfristige und zeitlich begrenzte Rückkehr an den betrieblichen Arbeitsplatz mit entsprechenden Ankündigungsfristen wesentlich einfacher zu regeln (z. B. bei technischen Störungen im häuslichen Arbeitsbereich).

Sollte der Arbeitgeber die Arbeit im „Homeoffice" für einzelne Beschäftigte dauerhaft beenden wollen, bekommen insbesondere die Regelungen in einer Betriebsvereinbarung über

- „Homeoffice-fähige" Arbeitsplätze;
- Zustandekommen der individuellen Vereinbarungen über Arbeit im „Homeoffice";
- Prüfung der Voraussetzungen und Einrichtung des Arbeitsplatzes

besondere Bedeutung.

Im Übrigen dürfte die arbeitgeberseitige Beendigungsabsicht eine Versetzung im Sinne von § 95 Abs. 3 BetrVG darstellen, die eine Zustimmung des Betriebsrats gemäß § 99 BetrVG erfordert – also nicht ganz so einfach zu realisieren sein.

Schriftliche Fixierung des „Homeoffice" in den Einzelarbeitsverträgen

Der Umfang der Regelungen in der Betriebsvereinbarung bestimmt die Regelungsinhalte von Ergänzungs- bzw. Zusatzvereinbarung zu den Einzelarbeitsverträgen der Beschäftigten, die im „Homeoffice" arbeiten wollen oder sollen.

Sind alle wesentlichen Fragen in der Betriebsvereinbarung geregelt, kann die Ergänzung des Einzelarbeitsvertrages darin bestehen, dass darauf verwiesen wird, dass im Rahmen des bestehenden Arbeitsverhältnisses nunmehr auch Arbeiten im „Homeoffice" nach Maßgabe der Regelungen aus der Betriebsvereinbarung möglich ist.

Weitergehende arbeitsvertragliche Ergänzungsregelungen wären nur dann erforderlich, wenn von Regelungen der Betriebsvereinbarung abgewichen werden soll. In solchen Fällen hätte der Betriebsrat zu prüfen, ob diese Einzelvereinbarungen nicht auch seinem Mitbestimmungsrecht unterlägen, um die Bevorzugung oder Benachteiligung einzelner Beschäftigter unterbinden zu können.

Klärung von Meinungsverschiedenheiten

In Betriebsvereinbarungen, die erzwingbare Mitbestimmungsfragen regeln, hat sich folgender Klärungsmechanismus für zwischen den Betriebsparteien bestehende Meinungsunterschiede bewährt:

- Grundsätzlich entscheidet eine von den Betriebsparteien paritätisch besetzte Kommission über strittige Fälle;
- kommt in der paritätischen Kommission eine Einigung nicht zustande, versuchen Betriebsrat und Geschäftsführung zu einer Einigung zu kommen;

- kommt es auch hier zu keiner Einigung, ist der Weg zum Einigungsstellenverfahren gemäß § 76 BetrVG frei.

In der Betriebsvereinbarung sollte diese Verfahrensweise explizit und so konkret wie möglich beschrieben werden.

Zu guter Letzt – Wie gut Arbeiten im „Homeoffice" gestaltet wird, hängt wesentlich vom Betriebsrat ab.

Seit Mitte des Jahres 2020 hat die Forderung nach einem gesetzlich geregelten Anspruch für Beschäftigte auf „Homeoffice" die Politik erreicht. Die Diskussion verläuft allerdings sehr kontrovers. Die Bandbreite bewegt sich zwischen strikter Ablehnung und zwingendem Rechtsanspruch.

Der Deutsche Gewerkschaftsbund (DGB) hat ein Positionspapier für einen gesetzlichen Ordnungsrahmen für selbstbestimmtes mobiles Arbeiten inklusive „Homeoffice" veröffentlicht. Die wesentlichsten Positionen des DGB sind:

- Recht auf selbstbestimmtes mobiles Arbeiten inklusive „Homeoffice"; Sicherung der Freiwilligkeit für die Beschäftigen.
- Einhaltung der Begrenzungen des Arbeitszeitgesetzes; Arbeitszeiterfassung.
- Beachtung der Grenze zwischen Privatleben und Arbeit; Stärkung der „Nicht-Erreichbarkeit".
- Arbeits- und Gesundheitsschutz.
- Arbeitsausstattung verbessern, Kostenübernahme klären und klare Haftungsregeln schaffen.
- Flankierende Mitbestimmungsrechte für Betriebsräte.
- Kontaktmöglichkeiten zu und für Betriebsräte und Gewerkschaften.

Da es derzeit weder diesen gesetzlichen Ordnungsrahmen noch irgendwelche Tarifregelungen gibt – und diese wohl noch eine ganze Weile auf sich warten lassen, verbleibt das Mitbestimmungsrecht der Betriebsräte. Darüber hinaus wird auch ein gesetzlicher Ordnungsrahmen eine betriebliche Umsetzung erfordern und deshalb Mitbestimmungsrechte auslösen.

Das Mitbestimmungsrecht umfasst aber auch ein sogenanntes Initiativrecht, deshalb könnten Betriebsräte jederzeit damit beginnen, angemessene Regelungen über „Homeoffice" einzufordern und durchzusetzen, und müssen nicht auf den Gesetzgeber oder die Tarifvertragsparteien warten.

Dabei sollte allerdings beachtet werden, dass nur eine sorgfältige Vorbereitung den erfolgreichen Abschluss einer solchen „Initiative" bewirken kann. Zu berücksichtigen ist die ambivalente Haltung der Beschäftigten („Homeoffice" hat auch Vorteile, deshalb kann auch die eine oder andere „Kröte" geschluckt werden). Hilfreich kann hier erklärende Information und beteiligungsorientierte Erarbeitung von Regelungsinhalten sein.

Aber auch der Betriebsrat als Gremium sollte sich im Rahmen seiner Möglichkeiten sachkundig machen und gegebenenfalls externe Berater*innen hinzuziehen. § 80 Abs. 3 BetrVG schafft dafür das gesetzliche Verfahren.

Es darf nicht übersehen werden, dass die Arbeitsschutzakteure im Betrieb, insbesondere die Betriebsräte, gesetzliche Regelungsdefizite nicht vollständig ausgleichen können. Dennoch gibt es zahlreiche arbeitswissenschaftlich abgesicherte Erkenntnisse, auf deren Grundlage das Arbeiten im „Homeoffice" klar und verbindlich geregelt werden kann.

Die Sozialwissenschaft hat ein sehr einfaches theoretisches Konzept über die Voraussetzungen für aktives Handeln entwickelt. In der Regel wird dann aktiv gehandelt, wenn die Betreffenden es dürfen, es können und es wollen. Darüber, dass Betriebsräte sich aktiv und gestaltend bei allen mit „Homeoffice" zusammenhängenden Fragen beteiligen dürfen, besteht kein Zweifel - mit dem „Können" ist es schon etwas schwieriger.

Aber müssen Betriebsräte Arbeitswissenschaftler oder Arbeitsmediziner sein? Sie sind ja auch keine Juristen, und befassen sich dennoch regelmäßig mit allen nur denkbaren juristischen Fragen, dabei haben sie in der Regel keine Scheu, Rechtsanwälte zur Beratung hinzuzuziehen. Warum fällt es Betriebsräten so schwer, sich in Sachen Arbeits- und Gesundheitsschutz sachkundig beraten zu lassen? Das betriebsverfassungsrechtliche Verfahren und die Beschlussfassung gleichen denen bei der Hinzuziehung von Rechtsanwälten. Die Hürde des „Könnens" ist also zu bewältigen.

Bleibt das „Wollen". Hier stellt sich folgende Frage:

- Betriebsräte dürfen sich aktiv und gestaltend in der Frage „Homeoffice" beteiligen,
- sie können das auch, wenn sie sich sachkundig beraten lassen würden,
- aber wollen sie das?

Diese Fragestellung ist in rechtlicher Hinsicht völlig irrelevant. § 80 Abs. 1 Nr. 1 BetrVG verpflichtet den Betriebsrat, *darüber zu wachen, dass die zugunsten der Arbeitnehmer geltenden Gesetze, Verordnungen, Unfallverhütungsvorschriften, Tarifverträge und Betriebsvereinbarungen durchgeführt werden.*

In der augenblicklichen Situation (2020/21) muss festgestellt werden, dass hinsichtlich einer angemessenen Regelung für Arbeit im „Homeoffice" der Gesetzgeber untätig bleibt und die Arbeitgeber sich unwissend stellen und sich auf vermeintlich unklare und unzureichende gesetzliche Vorgaben berufen. Betriebsräte verhalten sich bisher ganz überwiegend defensiv und zurückhaltend. Dies muss sich ändern. Dabei soll diese Broschüre helfen.

Anhang

Checkliste:
Homeoffice-Arbeitsplätze

Prüfpunkt	Antwort	
	Ja	Nein
1. Bestehen für „Homeoffice" schriftliche Vereinbarungen mit klaren Regelungen und Rahmenbedingungen, sodass jegliches „ungute" Gefühl, weil jemand mal wieder nicht an seinem Arbeitsplatz erscheint, vermieden wird?	☐	☐
2. Erfolgte vor Aufnahme von „Homeoffice"-Arbeit eine Gefährdungsbeurteilung?	☐	☐
3. Können am „Homeoffice"-Arbeitsplatz die Anforderungen zur Sicherheit und zum Gesundheitsschutz eingehalten werden (ergonomiegerechtes Mobiliar, Belüftung, Raumtemperatur, Beleuchtung usw.)?	☐	☐
4. Ist geregelt, dass ein Beauftragter des Arbeitgebers, z. B. die Sifa, die Privatwohnung eines „Homeoffice"-Beschäftigten betreten darf, sofern für den dort vorhandenen Bildschirmarbeitsplatz eine eigene Gefährdungsbeurteilung notwendig ist?	☐	☐
5. Sind alle Arbeitsmittel, die die „Homeoffice"-Beschäftigten verwenden, gemäß der Betriebssicherheitsverordnung geprüft und beurteilt worden?	☐	☐
6. Ist es selbstverständlich, dass auch „Homeoffice"-Beschäftigte an den Unterweisungen zu Arbeitssicherheit und Gesundheitsschutz teilnehmen?	☐	☐
7. Ist die Einhaltung der einschlägigen Datenschutzvorschriften technisch und/oder organisatorisch gewährleistet?	☐	☐
8. Besteht auch für „Homeoffice"-Beschäftigte jederzeit die Möglichkeit einer betriebsärztlichen Beratung, z. B. zum Bedarf einer Bildschirmarbeitsbrille?	☐	☐
10. Wird die Option einer alternierenden „Homeoffice"-Arbeit, bei der sich Tage zuhause mit Tagen abwechseln, in denen Beschäftigte im Büro arbeiten, die Kolleg*innen treffen usw., angeboten?	☐	☐

11. Wird das Arbeiten von zuhause flexibel gehandhabt, um den Beschäftigten z. B. die Betreuung von Angehörigen (pflegebedürftige Angehörige, Kleinkinder) zu ermöglichen? ☐ ☐

12. Haben auch diejenigen Kolleg*innen für „Homeoffice"-Arbeit Verständnis, für die diese Arbeitsform nicht infrage kommt? ☐ ☐

13. Haben Sie geregelt, wie die Arbeitszeiten im privaten Umfeld konflikt- und stressfrei festgehalten werden (Zwischenbericht, regelmäßige Meldungen o. Ä.)? ☐ ☐

14. Ist geklärt, inwiefern bzw. zu welchen Zeiten „Homeoffice"-Beschäftigte erreichbar sein müssen, und ist dies auf eine Weise geregelt, die ein stressfreies Arbeiten ermöglicht (z. B. über Kernarbeitszeiten)? ☐ ☐

15. Haben „Homeoffice"-Beschäftigte die Option, sich unterbrechungsfreie Kreativ- und Konzentrationszeiten zu schaffen? ☐ ☐

16. Wurden den „Homeoffice"-Beschäftigten die gesetzlichen Arbeitszeit- und Pausenregelungen bekannt gemacht? ☐ ☐

17. Sind auch die Vorgesetzten überzeugt und ohne Skepsis gegenüber der zuhause erbrachten Arbeitsleistung oder senden sie Signale aus, dass ihnen „eigentlich" lieber wäre, die Beschäftigten säßen täglich im Büro? ☐ ☐

18. Wurden die „Homeoffice"-Beschäftigten per Unterweisung dafür sensibilisiert, dass es im „Homeoffice" noch schwerer fallen kann, eine klare Grenze zwischen Arbeit und Privatleben zu ziehen und „nach Feierabend" wirklich innerlich abzuschalten? ☐ ☐

19. Haben Sie einen Konferenzraum mit Bildschirmen und Kameras ausgestattet, um „Homeoffice"-Beschäftigte für kurzfristig angesetzte Besprechungen per Videokonferenz dazu schalten zu können? ☐ ☐

20. Ist es den „Homeoffice"-Beschäftigten möglich, an allen betrieblichen Gemeinschaftsveranstaltungen teilzunehmen? ☐ ☐

Quellenverzeichnis

Arbeits- und Gesundheitsschutz aktuell - neue Vorschriften und neue Erkenntnisse; Dipl.-Ing. Harald Lehning; Hrsg.: KlärWerk, Institut für kritische Sozialforschung und Bildungsarbeit e.V.; 09/2020

Bundesrat Drucksache 506/16 vom 23.09.2016; Entwurf einer Verordnung zur Änderung von Arbeitsschutzverordnungen

DGB-Index Gute Arbeit, Jahresbericht 2020; Ergebnisse der Beschäftigtenbefragung; Themenschwerpunkt Mobile Arbeit; Berlin, Dezember 2020

DGUV Information 215-410 „Bildschirm- und Büroarbeitsplätze - Leitfaden für die Gestaltung"; Deutsche Gesetzliche Unfallversicherung e.V. (DGUV), Juli 2019

DGUV, Fachbereich Verwaltung FBVW-402 „Arbeiten im Homeoffice – nicht nur in der Zeit der SARS-CoV-2-Epidemie"; 03.11.2020

DGUV Fachbereich Verwaltung FBVW-401 „Mobiles Arbeiten in Hotels"; 13.01.2020

Gimpel, Henner; Berger, Michelle; Regal, Christian; Urbach, Nils; Kreilos, Mathias; Becker, Julia; Derra, Nicholas Daniel (2020). **Belastungsfaktoren der digitalen Arbeit**. Eine beispielhafte Darstellung der Faktoren, die digitalen Stress hervorrufen. Augsburg: Projektgruppe Wirtschaftsinformatik des Fraunhofer FIT.   https://doi.org/10.24406/fit-n-581326

Landesarbeitsgericht Mecklenburg-Vorpommern, Beschluss vom 25.02.2020, 5 TaBV 1/20

Positionspapier des DGB für einen gesetzlichen Ordnungsrahmen für selbstbestimmtes mobiles Arbeiten inklusive Homeoffice; 23. November 2020

Psychische Arbeitsbelastung in Zeiten der SARS-CoV-2-Pandemie; Prof. Nico Dragano, UKD; Vortrag anlässlich des 12. VDSI-Forum NRW, 2020

„Telearbeit und Mobiles Arbeiten" Voraussetzungen, Merkmale und rechtliche Rahmenbedingungen; Wissenschaftliche Dienste Deutscher Bundestag WD 6 - 3000 - 149/16

Über tredition

EIN EIGENES BUCH VERÖFFENTLICHEN

tredition wurde 2006 in Hamburg gegründet. Seitdem hat tredition mehrere tausend Buchtitel veröffentlicht. Autoren veröffentlichen in wenigen leichten Schritten gedruckte Bücher, e-Books und audio-Books. tredition hat das Ziel, die beste und fairste Veröffentlichungsmöglichkeit für Autoren zu bieten.

tredition wurde mit der Erkenntnis gegründet, dass nur etwa jedes 200. bei Verlagen eingereichte Manuskript veröffentlicht wird. Dabei hat jedes Buch seinen Markt, also seine Leser. tredition sorgt dafür, dass für jedes Buch die Leserschaft auch erreicht wird.

Im einzigartigen Literatur-Netzwerk von tredition bieten zahlreiche Literatur-Partner (das sind Lektoren, Übersetzer, Hörbuchsprecher und Illustratoren) ihre Dienstleistung an, um Manuskripte zu verbessern oder die Vielfalt zu erhöhen. Autoren vereinbaren direkt mit den Literatur-Partnern die Konditionen ihrer Zusammenarbeit und partizipieren gemeinsam am Erfolg des Buches.

Das gesamte Verlagsprogramm von tredition ist bei allen stationären Buchhandlungen und Online-Buchhändlern wie z. B. Amazon erhältlich. e-Books stehen bei den führenden Online-Portalen (z. B. iBookstore von Apple oder Kindle von Amazon) zum Verkauf.

Jetzt ein Buch veröffentlichen: **www.tredition.de**

EINE BUCHREIHE ODER VERLAG GRÜNDEN

Seit 2009 bietet tredition sein Verlagskonzept auch als sogenanntes "White-Label" an. Das bedeutet, dass andere Personen oder Institutionen risikofrei und unkompliziert selbst zum Herausgeber von Büchern und Buchreihen unter eigener Marke werden können. tredition übernimmt dabei das komplette Herstellungs- und Distributionsrisiko.

Zahlreiche Zeitschriften-, Zeitungs- und Buchverlage, Universitäten, Forschungseinrichtungen, u.v.m. nutzen diese Dienstleistung von tredition, um unter eigener Marke ohne Risiko Bücher zu verlegen.

Alle Informationen im Internet: **www.tredition.de/Buchverlage**

tredition wurde mit mehreren Innovationspreisen ausgezeichnet, u. a. Webfuture Award und Innovationspreis der Buch-Digitale.

tredition ist Mitglied im Börsenverein des Deutschen Buchhandels.

Zeitfracht Medien GmbH
Ferdinand-Jühlke-Straße 7
99095 Erfurt, Deutschland
produktsicherheit@kolibri360.de